我正在梦之航行
冒险家五盾军团

葡萄牙队

流年 编著

典藏版

ZB 直笔巨献

直笔体育百科系列

北京时代华文书局

目 录

	荣耀时刻	1
	巨星榜	9
	篇首语	45
第一章	漫长的蛰伏期	49
	不起眼的开端	50
	一次次的失败	52
第二章	"黑豹"的摇滚时代	57
	天才的诞生	58
	1966年的奇迹	62
第三章	低谷中前行	69
	天才也无奈	70
	后尤西比奥时代	75
第四章	绚烂的"黄金一代"	83
	"黄金一代"初亮相	84
	重新登上舞台	86
	最成功的失败	94
	当"黄金一代"老去	101
第五章	当王者降临（上）	107
	又一位天才	108

被寄予厚望的开始　　　111
　　　"葡萄牙队不是强队"　　117

第六章　当王者降临（下）　　127
　　　当奇迹出现　　　　　　128
　　　欧洲冠军看向远方　　　135
　　　没有C罗也能赢　　　　140
　　　如果C罗不服老　　　　144

第七章　向梦想起航　　　　　149
　　　新帅新征程　　　　　　150
　　　未来的航行　　　　　　153

经典瞬间　　　　　　　　　　157
星光璀璨　　　　　　　　　　177
最佳阵容　　　　　　　　　　196
历任主帅及战绩　　　　　　　198
历届大赛成绩　　　　　　　　200
历史出场榜　　　　　　　　　202
历史进球榜　　　　　　　　　203

荣耀时刻

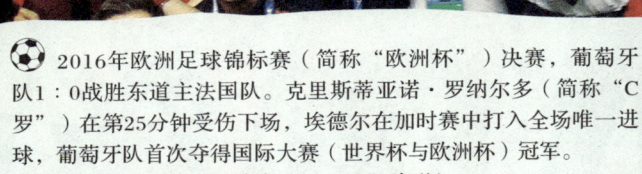

⚽ 2016年欧洲足球锦标赛(简称"欧洲杯")决赛,葡萄牙队1:0战胜东道主法国队。克里斯蒂亚诺·罗纳尔多(简称"C罗")在第25分钟受伤下场,埃德尔在加时赛中打入全场唯一进球,葡萄牙队首次夺得国际大赛(世界杯与欧洲杯)冠军。

葡萄牙队决赛出场阵容("4132"阵形):

门将:1-鲁伊·帕特里西奥

后卫:5-拉斐尔·格雷罗、4-若泽·丰特、3-佩佩、21-塞德里克·苏亚雷斯

防守型中场:14-威廉·卡瓦略

攻击型前场:10-若昂·马里奥、23-阿德里安·席尔瓦(8-若昂·穆蒂尼奥,66′)、16-雷纳托·桑谢斯(9-埃德尔,79′)

中锋:17-纳尼、7-克里斯蒂亚诺·罗纳尔多(20-里卡多·夸雷斯马,25′)

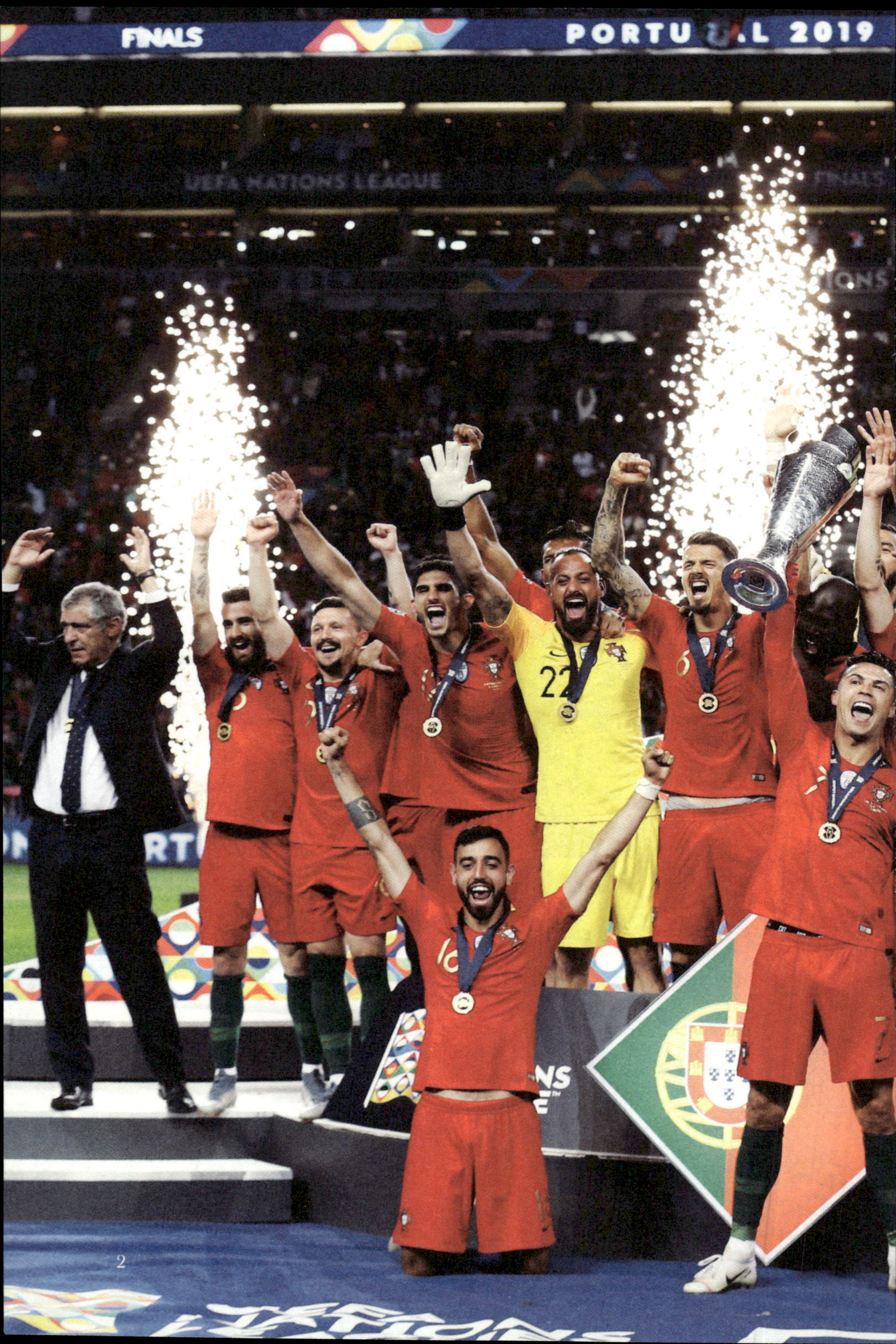
FINALS
UEFA NATIONS LEAGUE

⚽ 2018—2019赛季欧洲国家联赛（简称"欧国联"）决赛，葡萄牙队1∶0战胜荷兰队。贡萨洛·格德斯的进球帮助葡萄牙队夺得首届欧国联的冠军。

葡萄牙队决赛出场阵容（"4141"阵形）：

门将：1-鲁伊·帕特里西奥

后卫：5-拉斐尔·格雷罗、4-鲁本·迪亚斯、6-若泽·丰特、20-内尔松·塞梅多

防守型中场：13-达尼洛·佩雷拉

攻击型前场：17-贡萨洛·格德斯（15-拉法·席尔瓦，75′）、16-布鲁诺·费尔南德斯（8-若昂·穆蒂尼奥，81′）、14-威廉·卡瓦略（18-鲁本·内维斯，90′）、10-贝尔纳多·席尔瓦

中锋：7-克里斯蒂亚诺·罗纳尔多

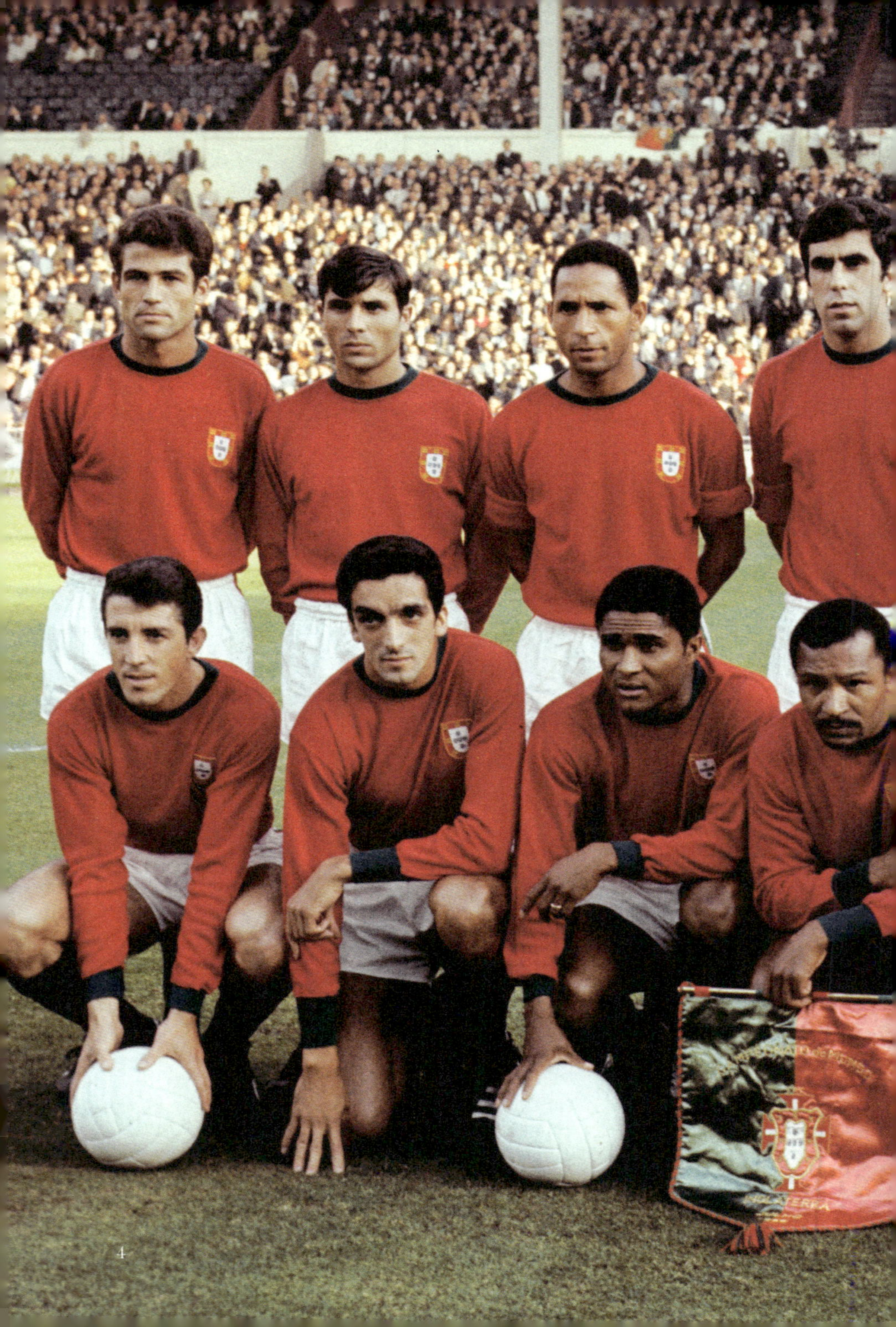

⚽ 1966年国际足联世界杯(简称"世界杯")季军赛,葡萄牙队2:1战胜苏联队获得季军,何塞·托雷斯在第89分钟完成绝杀。葡萄牙队首次参加世界杯便拿到季军,创造了球队在世界杯中的最佳战绩。

葡萄牙队季军赛出场阵容("442"阵形):

门将:3-何塞·佩雷拉

后卫:9-希拉里奥、20-亚历山大·巴普蒂斯塔、21-何塞·卡洛斯、22-阿尔贝托·费斯塔

中场:11-安东尼奥·西蒙斯、10-马里奥·科鲁纳、16-海梅·格拉萨、12-何塞·奥古斯托

前锋:18-何塞·托雷斯、13-尤西比奥

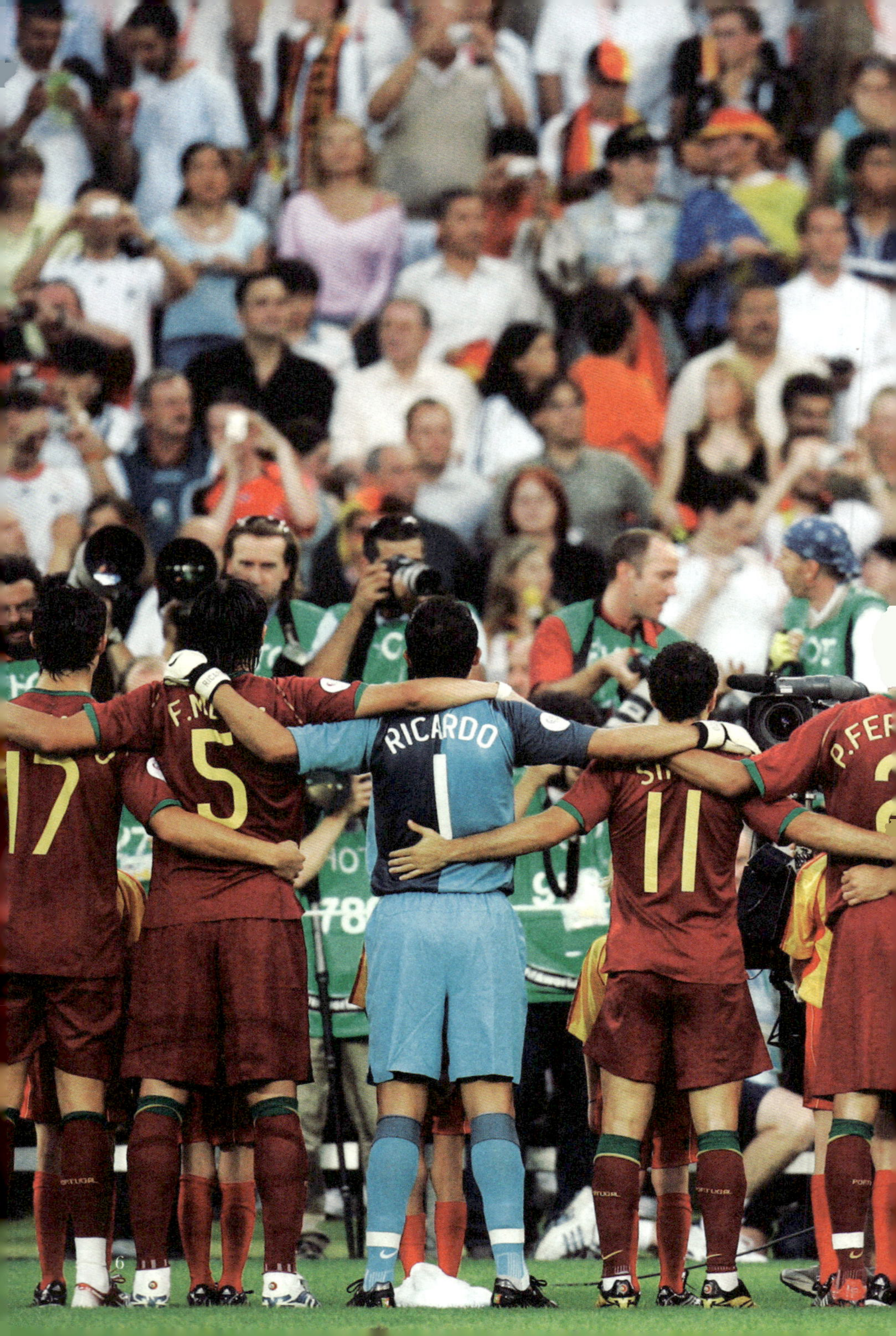
RICARDO

⚽ 2006年世界杯季军赛,葡萄牙队1∶3不敌德国队,收获第四名。这是葡萄牙队自1966年夺得世界杯季军之后,在世界杯赛场上取得的最好成绩。

葡萄牙队季军赛出场阵容("433"阵形):

门将:1-里卡多

后卫:14-努诺·瓦伦特(21-努诺·戈麦斯,69′)、5-费尔南多·梅拉、4-里卡多·科斯塔、2-保罗·费雷拉

中场:6-科斯蒂尼亚(8-阿尔曼多·佩蒂特,46′)、20-德科、18-马尼切

前锋:11-西芒、9-保莱塔(7-路易斯·菲戈,77′)、17-克里斯蒂亚诺·罗纳尔多

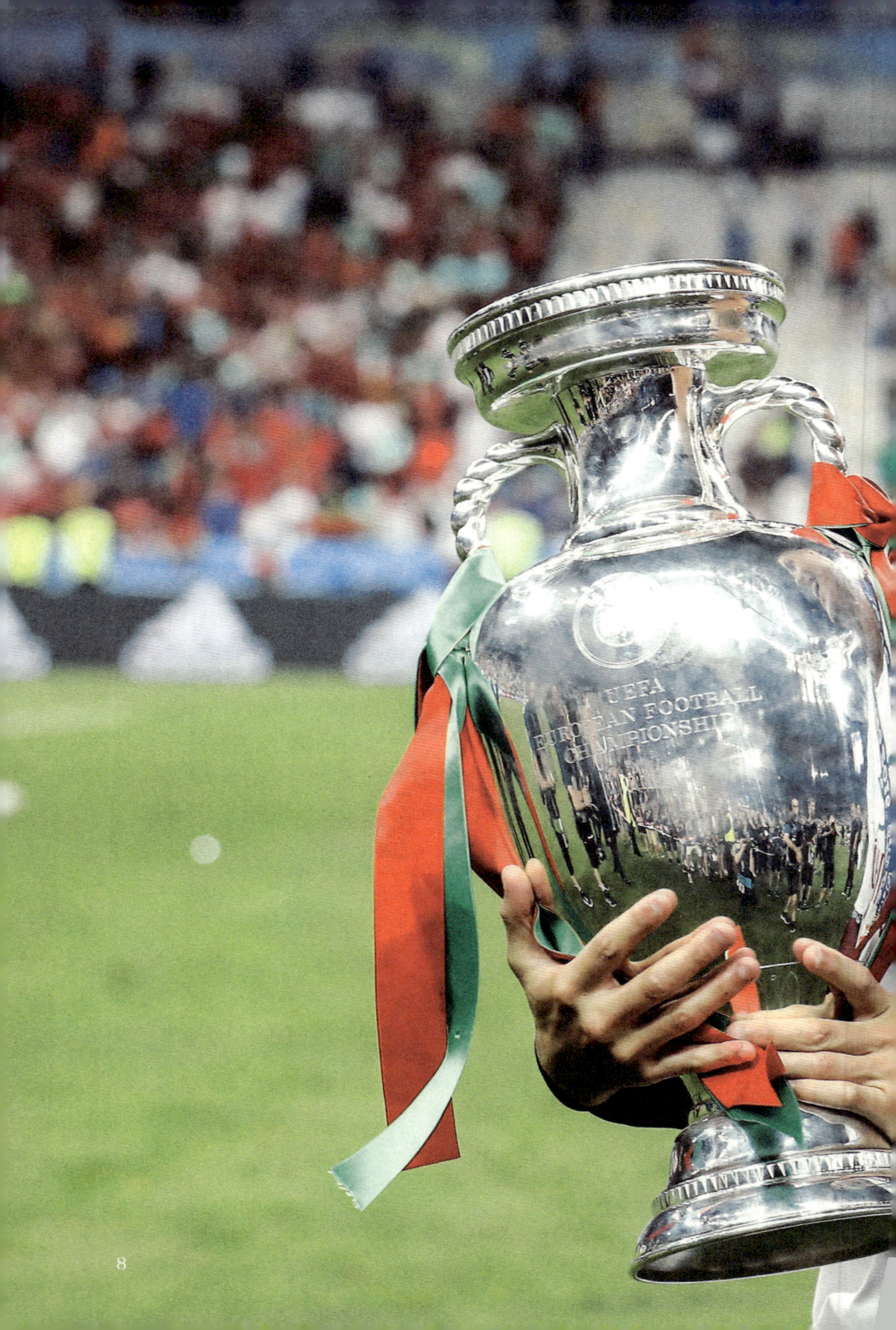
UEFA

巨星榜

姓名：克里斯蒂亚诺·罗纳尔多

出生日期：1985年2月5日

主要球衣号码：17号、7号

国家队数据：206场128球

个人荣誉：5次金球奖、5次世界足球先生（2010—2015年，金球奖与世界足球先生合并为国际足联金球奖。）

被纪录追赶的人

　　C罗，对于世界足球史来说，是一个毫无争议的、伟大的名字。他或许不是现代足球历史上最传奇的那一个，但是属于C罗的故事，绝对是精彩纷呈。纵观C罗的职业生涯，他或许不是最高的山峰，但他应该是那条最长的河流。

　　对于葡萄牙队来说，C罗是当之无愧的英

11

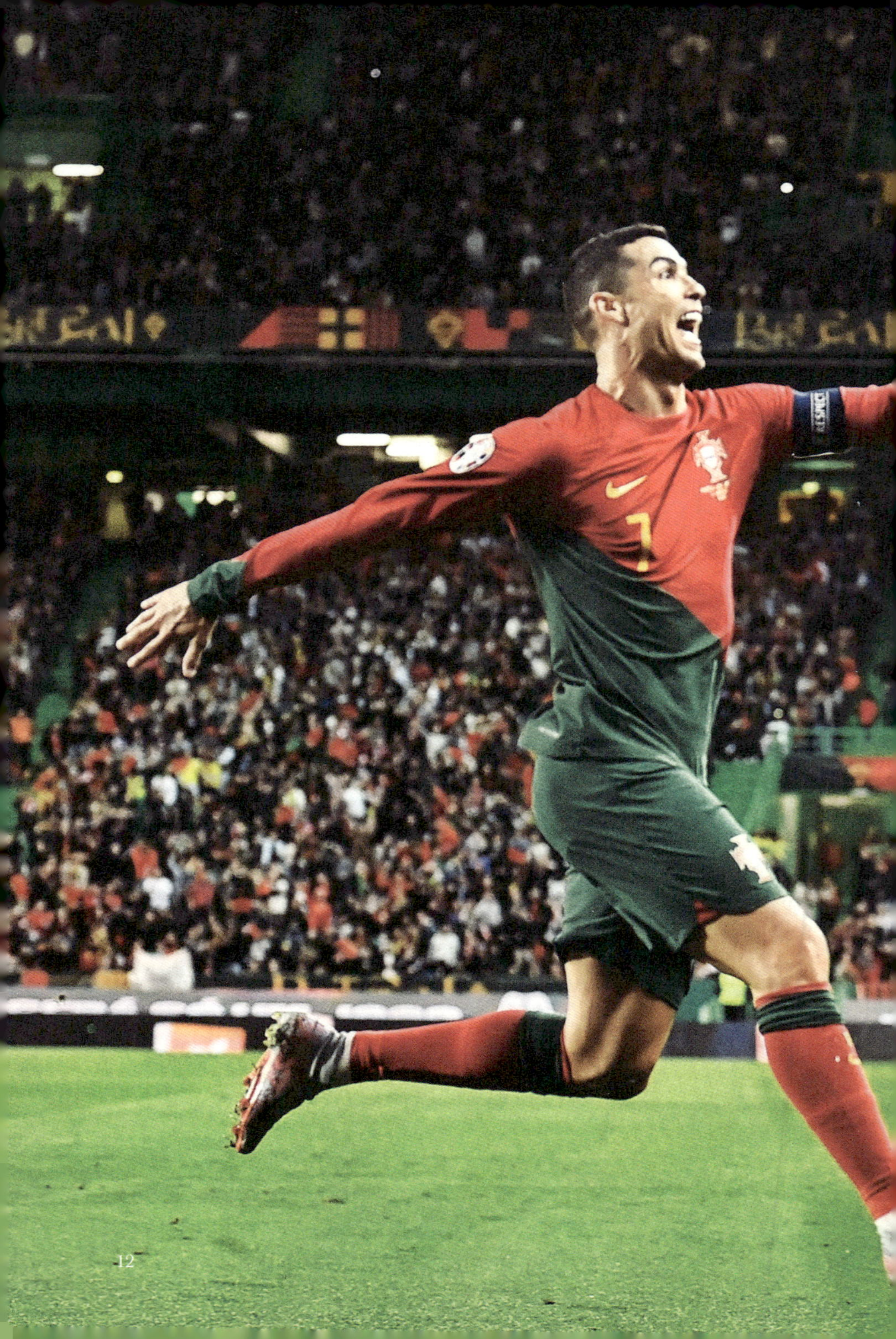

雄，是亿万葡萄牙队球迷心中永恒的救世主、领路人。

回首C罗在葡萄牙队的征程，漫长、华丽，泪水与荣耀并存。2004年欧洲杯是C罗第一次站在国际大赛（世界杯与欧洲杯）的舞台上，"希腊神话"的演绎，让C罗流下了伤心的泪水。欧洲杯亚军在那时是他心中的痛，也就是在那时，他的内心已经种下了一颗冠军的种子。

2006年世界杯结束之后，当路易斯·菲戈领衔的葡萄牙队"黄金一代"退出历史舞台，C罗正式成为葡萄牙队的领军人物。而这个身份，一直延续到现在。坦白地说，葡萄牙队的阵容一直都有短板，它从来不是国际大赛中的夺冠热门球队，但是又因为C罗的存在，它一直都是镁光灯的焦点。

时光荏苒，岁月如梭。欧洲杯、世界杯……一次次国际大赛的征程，让C罗在这漫长的岁月中不断改写着属于自己的故事。超过200场的国家队出场次数，早已经成为后人难以企及的纪录；世界足球历史第一射手的荣誉，让世界男足国家队历史第一射手的荣誉暗淡了不少；欧洲杯历史出场王、射手王，连续10次国际大赛进球的疯狂纪录……你不知道C罗什么时候会停止创造纪录的脚步！

一连串纪录的背后，是一个个改写足坛历史的经典瞬间。还记得2014年世界杯附加赛对阵瑞典的

天神下凡吗？还记得2016年欧洲杯C罗率领葡萄牙队夺得欧洲杯冠军吗？还记得2018年世界杯小组赛对阵西班牙队的"翩若惊鸿，婉若游龙"吗？

用寥寥数语，去描述C罗在葡萄牙队的故事，显得有些苍白无力。堆砌一堆数字和纪录，其实也有点落入俗套。可是除了这些，我们又怎么去概括C罗的传奇呢？

不要忘记，还有属于C罗在俱乐部的故事。

C罗征服了英格兰足球超级联赛（简称"英超"）、西班牙足球甲级联赛（简称"西甲"）与

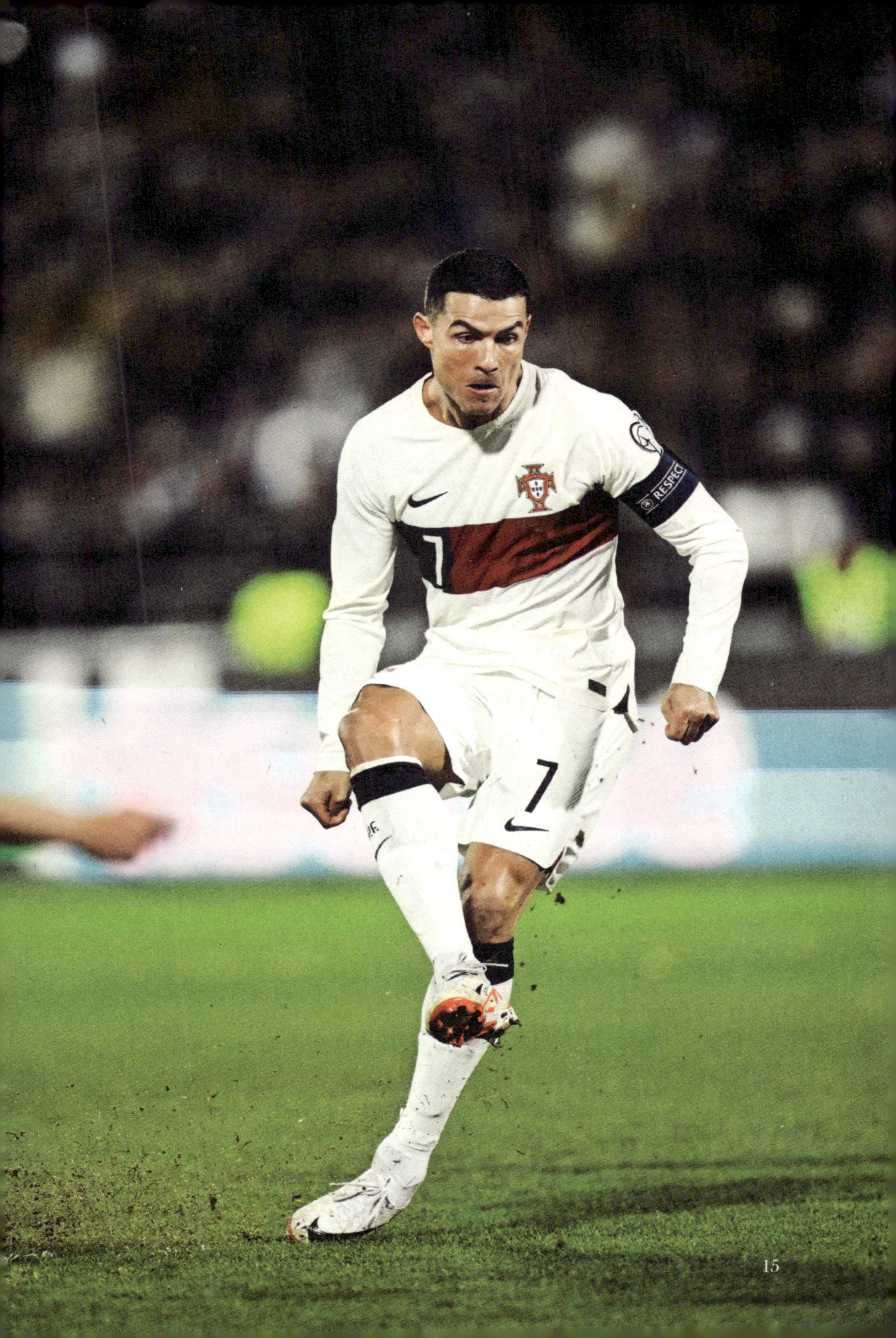
RESPECT
7
7

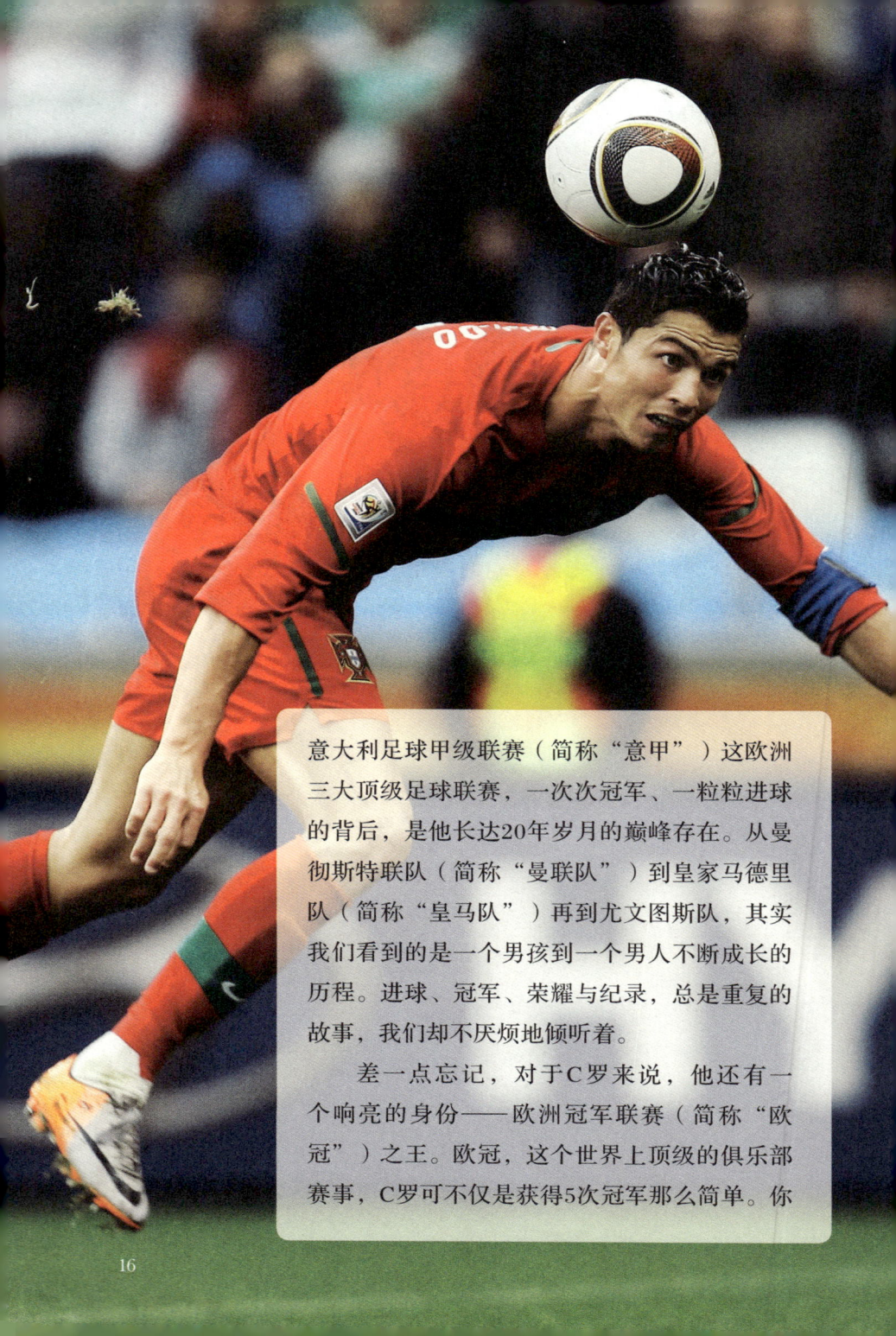

意大利足球甲级联赛（简称"意甲"）这欧洲三大顶级足球联赛，一次次冠军、一粒粒进球的背后，是他长达20年岁月的巅峰存在。从曼彻斯特联队（简称"曼联队"）到皇家马德里队（简称"皇马队"）再到尤文图斯队，其实我们看到的是一个男孩到一个男人不断成长的历程。进球、冠军、荣耀与纪录，总是重复的故事，我们却不厌烦地倾听着。

差一点忘记，对于C罗来说，他还有一个响亮的身份——欧洲冠军联赛（简称"欧冠"）之王。欧冠，这个世界上顶级的俱乐部赛事，C罗可不仅是获得5次冠军那么简单。你知道欧冠出场纪录属于谁吗？你知道欧冠进球纪录属于谁吗？你知道欧冠淘汰赛进球纪录属于谁吗？其实你不妨去看一下，所有与欧冠相关的各种伟大的纪录背后，或许都属于一个相同的名字——C罗。

1985年出生的C罗，如今已经39岁。可是他依然在奔跑着、努力着，在书写着自己的故事。现在的C罗不是纪录的制造者，而是纪录在追赶着他。当C罗选择停下来的时刻，也就是纪录停下来的那一刻，然后就是留给后辈球员的顶礼膜拜。

C罗这个名字对于足球来说足够伟大吗？答案是肯定的。相信在日后无论多少年里，就如同贝利、迭戈·马拉多纳一样，C罗这个名字，也将不时地被人们提及与谈论，永不过时。

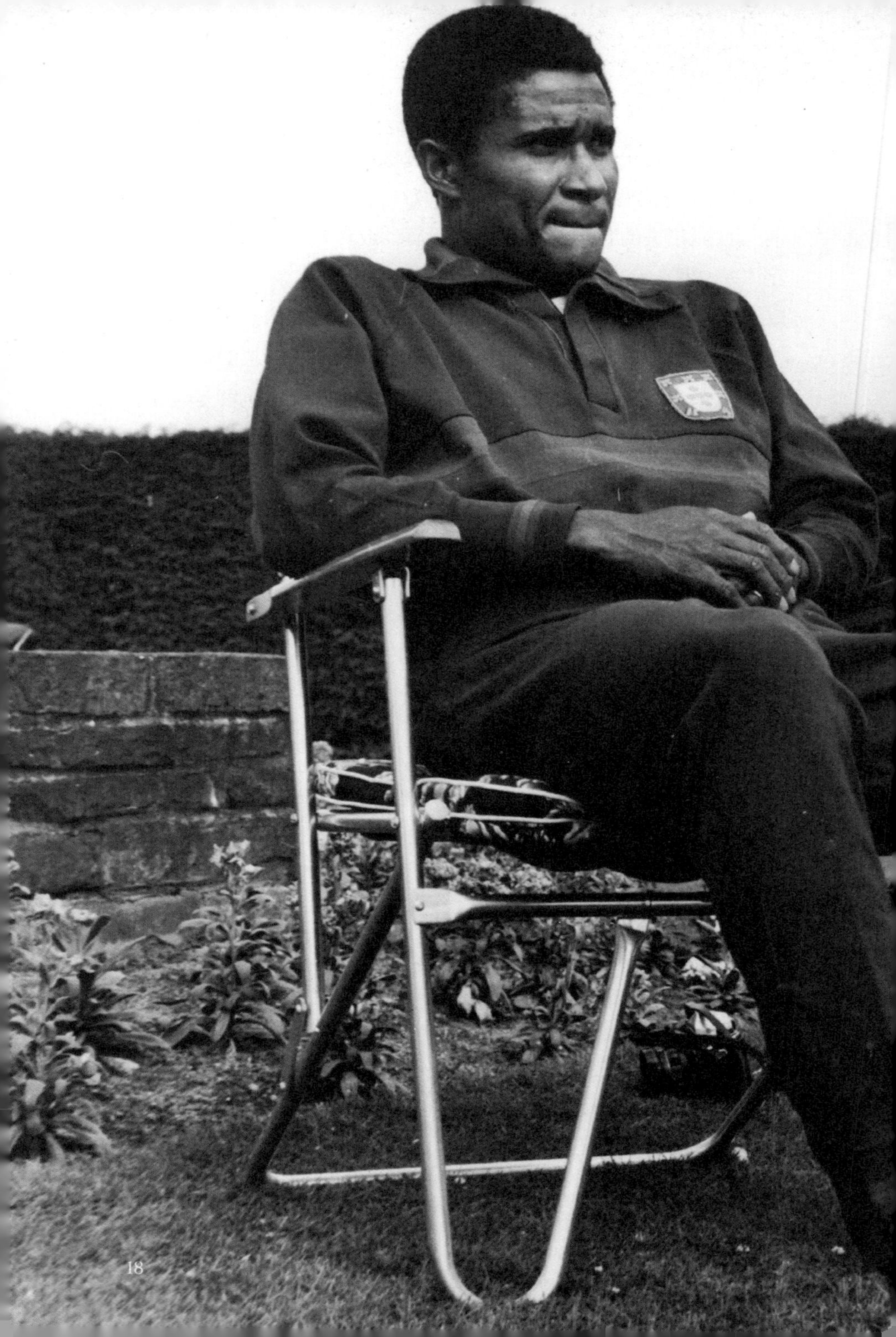

姓名：尤西比奥

出生日期：1942年1月25日

主要球衣号码：8号、9号、13号、10号

国家队数据：64场41球

个人荣誉：1次金球奖

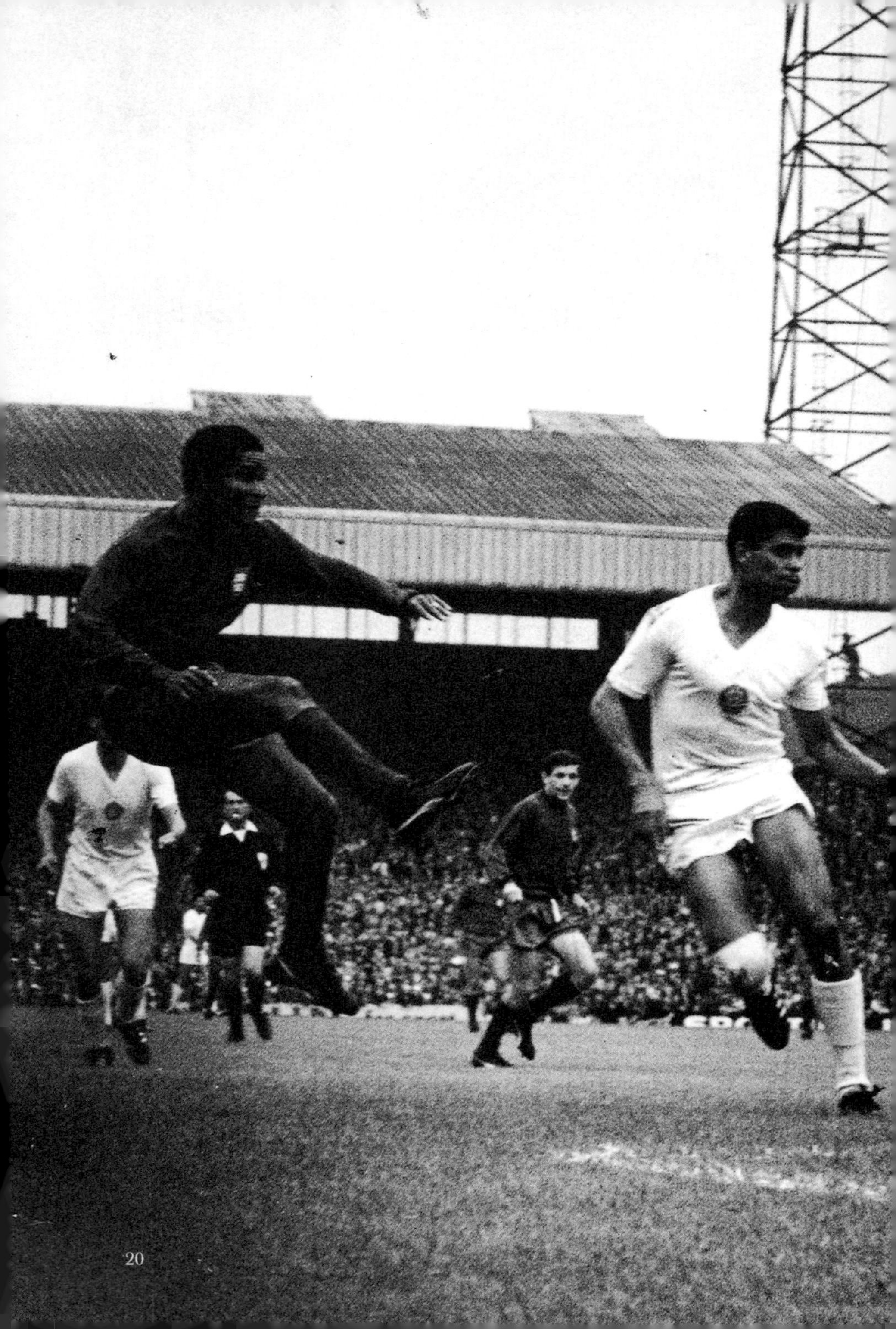

像"黑豹"一样

属于葡萄牙的足球历史,其实并不辉煌。如果把时光拉回到20世纪,对于葡萄牙足球来说,最耀眼的名字只属于尤西比奥。这个名字在世界足坛都拥有举足轻重的分量,如果给这个名字再冠上"黑豹"的外号,那更是一个伟大的存在。

尤西比奥出生在非洲的莫桑比克。在那个时代,尤西比奥凭借出色的天赋,被本菲卡队花费重金招至麾下。如风一般的奔跑速度、门前灵敏的射门嗅觉、超高的进球能力……让"黑豹"的名号不胫而走。

短时间内,尤西比奥成为本菲卡队的绝对核心,并且率领球队两次夺得欧冠冠军,个人也收获金球奖的荣誉,走上职业生涯的巅峰。在国家队层面,尤西比奥选择为葡萄牙队效力。1966年世界杯,则成为尤西比奥在葡萄牙队的高光时刻。

因为尤西比奥的存在,这一届世界杯,葡萄牙队历史上第一次打出了强队的风范,尽管这是葡萄牙队第一次站在世界杯的舞台上。从第一场比赛开始,尤西比奥的表演就正式开始。世界杯处子秀,24岁的尤西比奥帮助葡萄

牙队3∶1战胜匈牙利队；第二战面对保加利亚队，葡萄牙队更是一个干脆的3∶0，尤西比奥收获了世界杯处子球。接下来对阵1962年世界杯冠军巴西队，尤西比奥迎来大爆发，他梅开二度，帮助球队3∶1战胜了强大的巴西队，震惊世界足坛。

1/4决赛对阵黑马朝鲜队，葡萄牙队一度陷入绝境，开场仅25分钟便落后3球。或许属于葡萄牙队的世界杯征程就要结束了，然而尤西比奥不接受这样的结果。他用一次次精彩的个人表现吹响了葡萄牙队反攻的号角，将葡萄牙队低迷的士气重新鼓舞起来，他独进4球，将葡萄牙队第一次送进了世界杯四强的

行列。

　　半决赛中，尤西比奥的进球未能帮助葡萄牙队再进一步，球队输给了最后的冠军英格兰队。在季军争夺战中，尤西比奥与队友重整旗鼓，最终战胜苏联队获得季军。这也是葡萄牙队在世界杯历史上取得的最好成绩。尤西比奥打入9球成为本届世界杯的最佳射手，并且入选了最佳阵容。

　　也就是从这一刻起，尤西比奥甚至成为葡萄牙整个国家的超级英雄，影响深远。在C罗之前，他一直是葡萄牙队历史上最伟大的存在。

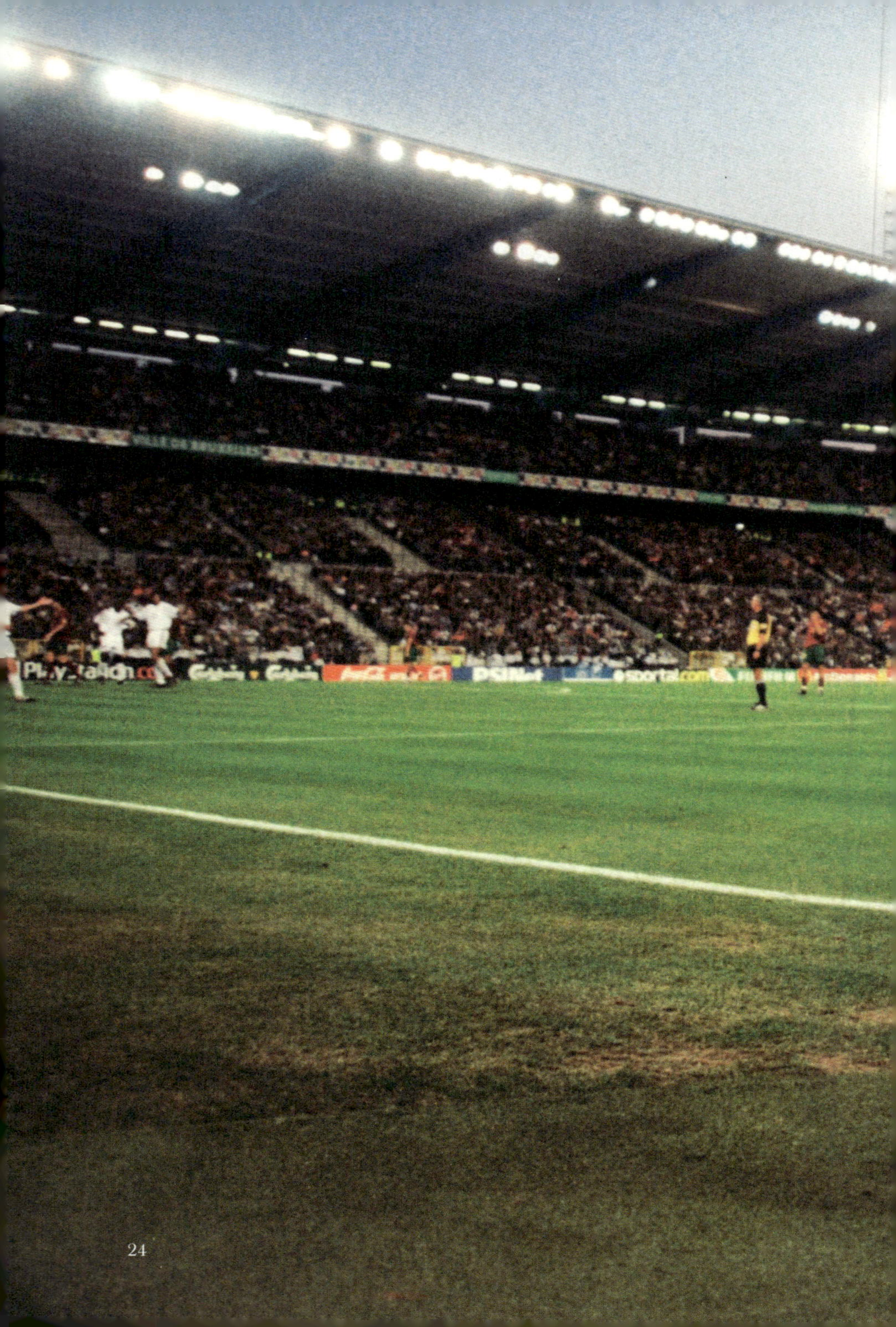
PSINet
esportal.com

姓名：路易斯·菲戈

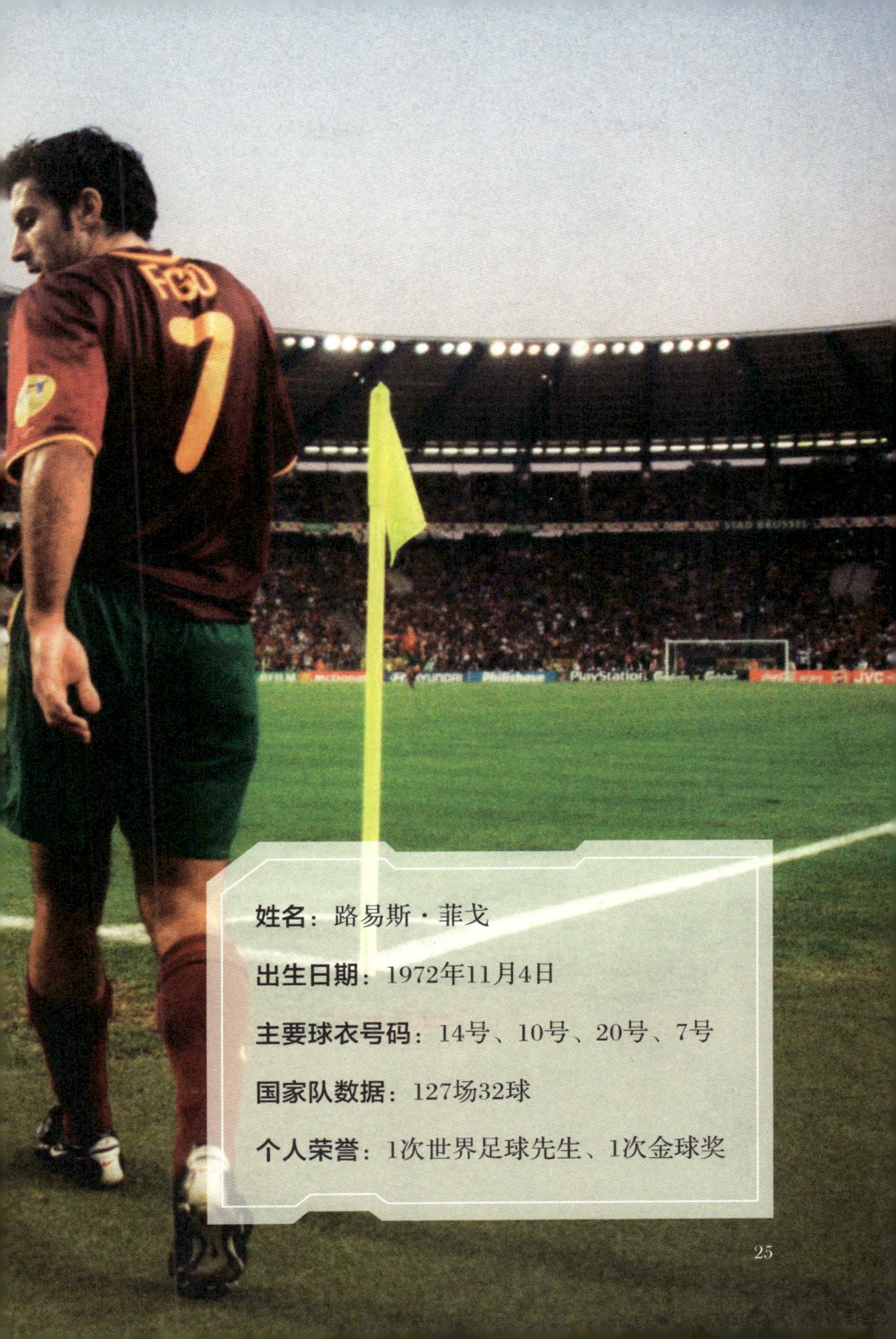

出生日期：1972年11月4日

主要球衣号码：14号、10号、20号、7号

国家队数据：127场32球

个人荣誉：1次世界足球先生、1次金球奖

26

"黄金飞翼"

在尤西比奥之后，在C罗之前，谁是葡萄牙足球的代表？答案属于路易斯·菲戈。他是葡萄牙队"黄金一代"中的佼佼者，率领球队获得2004年欧洲杯亚军以及2006年世界杯第四名；他是金球奖与世界足球先生的获得者，个人荣誉达到了顶峰；他在俱乐部也取得了辉煌无比的成绩，堪称皇马队与国际米兰队的功勋传奇。

不到20岁的菲戈率领葡萄牙青年队在大赛上绽放光芒，荣誉与冠军纷至沓来。也就是在这个时候，葡萄牙队拥有了自己的"黄金一代"。在这出色的表现下，菲戈很快就成为葡萄牙队的核心球员。

以菲戈为核心的葡萄牙队虽然未能斩获国际大赛冠军，但也留下了很多经典的画面。"黄金飞翼"的名号，也在世界足坛响彻云霄。2000年欧洲杯小组赛，开场不到20分钟，葡萄牙队就以0∶2的比分落后英格兰队。但是菲戈没有放弃比赛，他用一脚技惊四座的"世界波"，吹响了葡萄牙队反攻的号角，最终帮助葡萄牙队3∶2逆转取胜。

2004年欧洲杯，本土作战的葡萄牙队一路

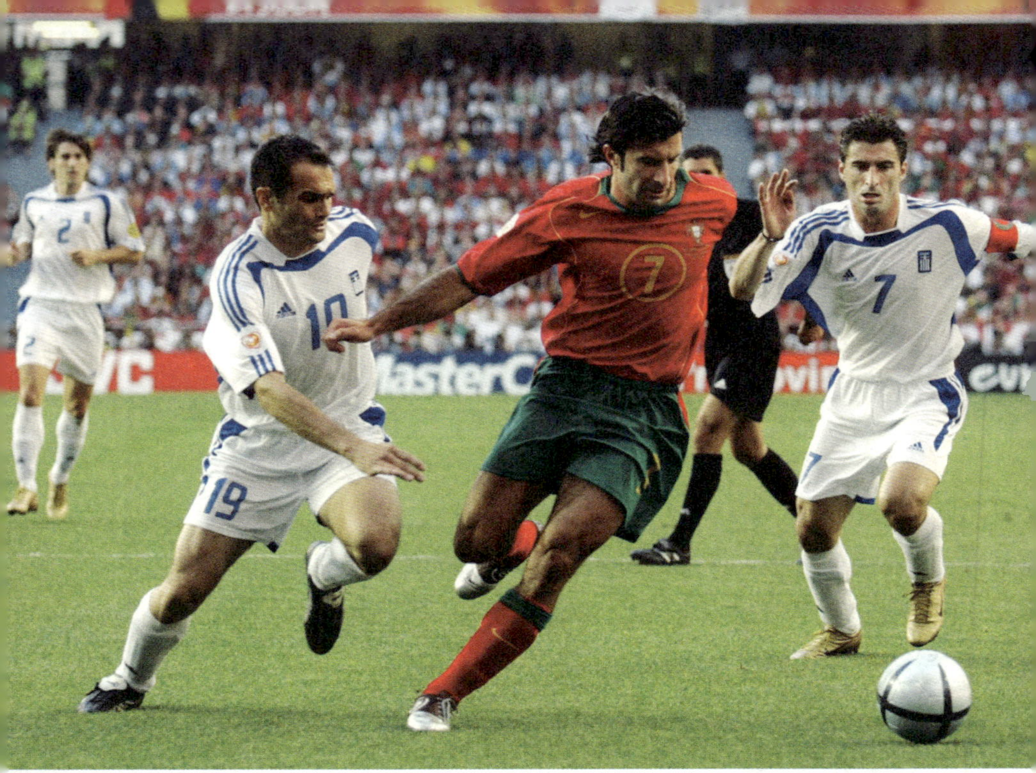

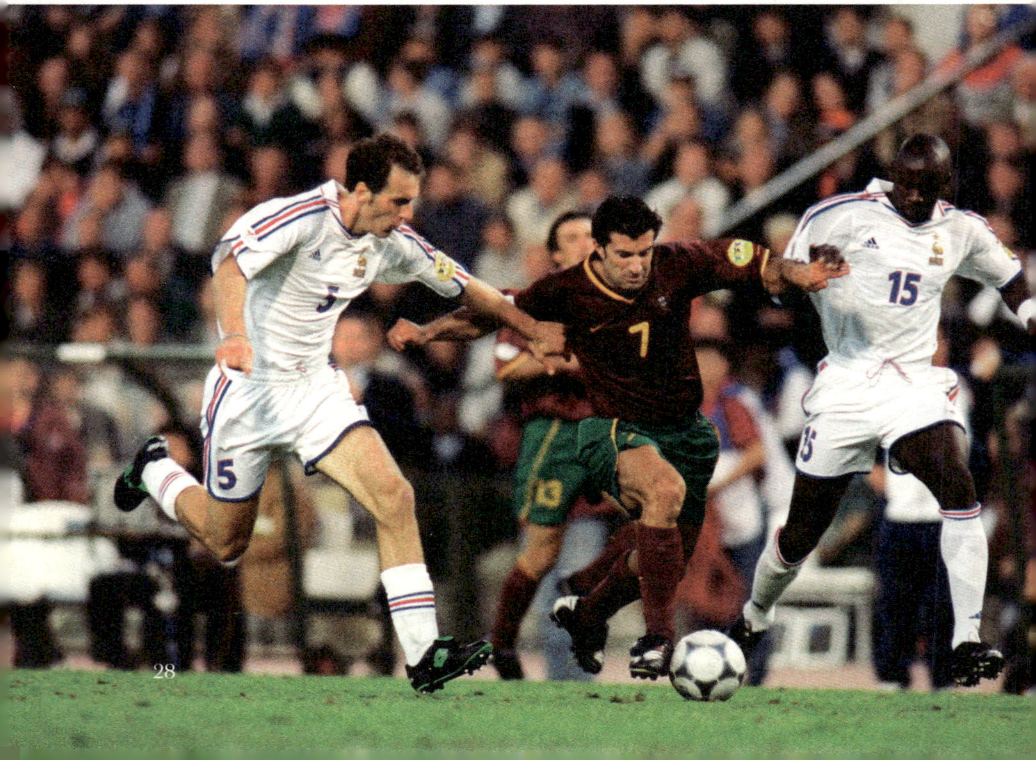

高歌猛进，杀入最终的决赛，但是最终输给了"希腊神话"。菲戈的表现可圈可点，但亚军的成绩也让他有点"心灰意冷"，于是菲戈决定退出葡萄牙队。

或许是因为无法忘记在2002年世界杯小组赛的"耻辱出局"，又或许是被昔日队友和球迷的诚意召唤所打动，菲戈选择在2006年世界杯上继续为国征战，完成自己在葡萄牙队最后的使命。

这是一届"诸神黄昏"的世界杯，也是菲戈在葡萄牙队最后的荣光，他用出色的表现，帮助葡萄牙队一路过关斩将，最终获得了第四名。在这届世界杯之后，菲戈将葡萄牙队的衣钵传给了C罗，这是属于葡萄牙足球最伟大的交接。

菲戈在俱乐部的故事，远要比在国家队精彩。他是巴塞罗那队（简称"巴萨队"）的队长，却以创造世界转会纪录的身价加盟皇马队，成为世界足坛最具争议的转会之一。但是不管怎样，菲戈效力的每一家俱乐部，都留下了他最为光辉的表现。

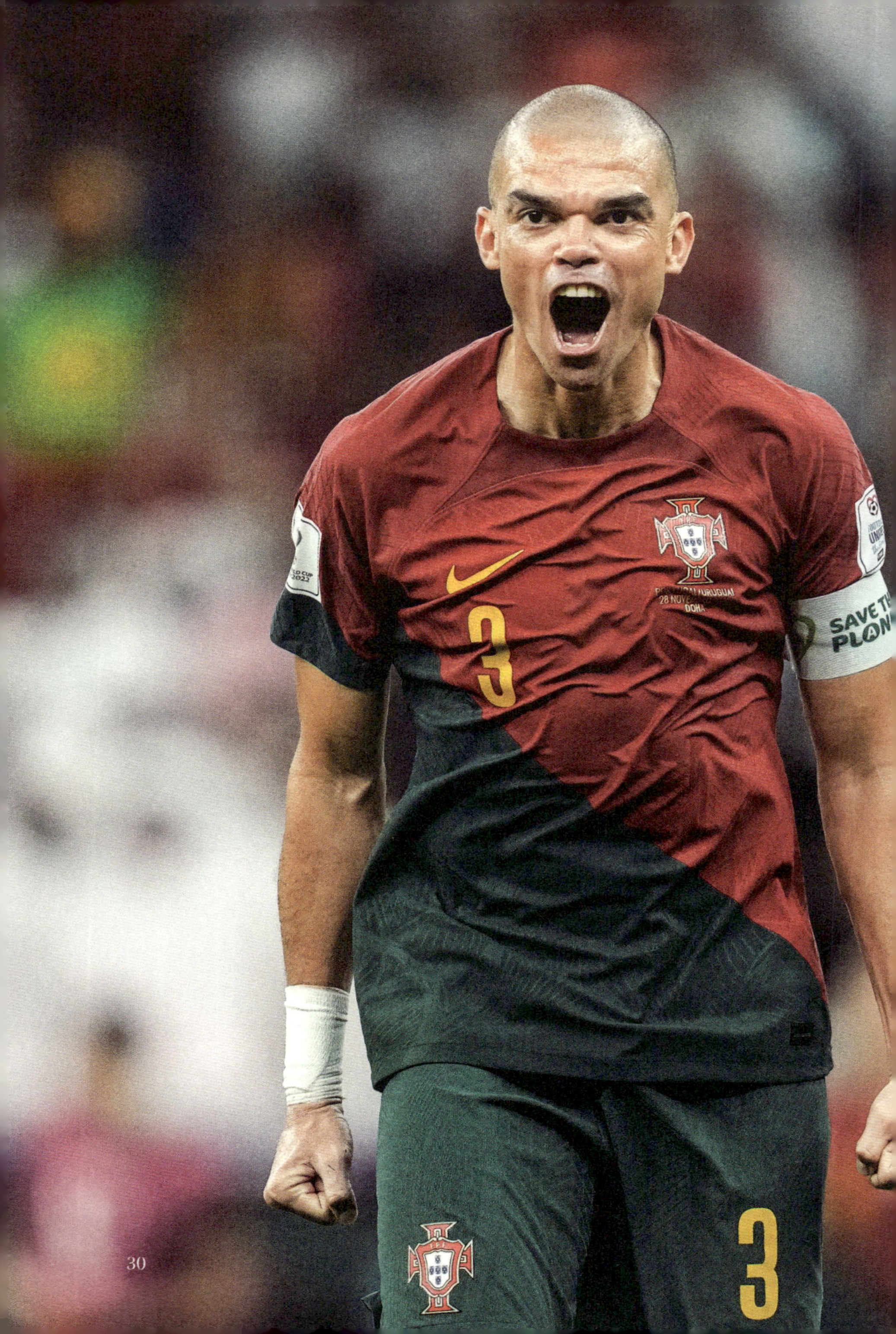

姓名：佩佩

出生日期：1983年2月26日

主要球衣号码：5号、15号、3号

国家队数据：136场8球

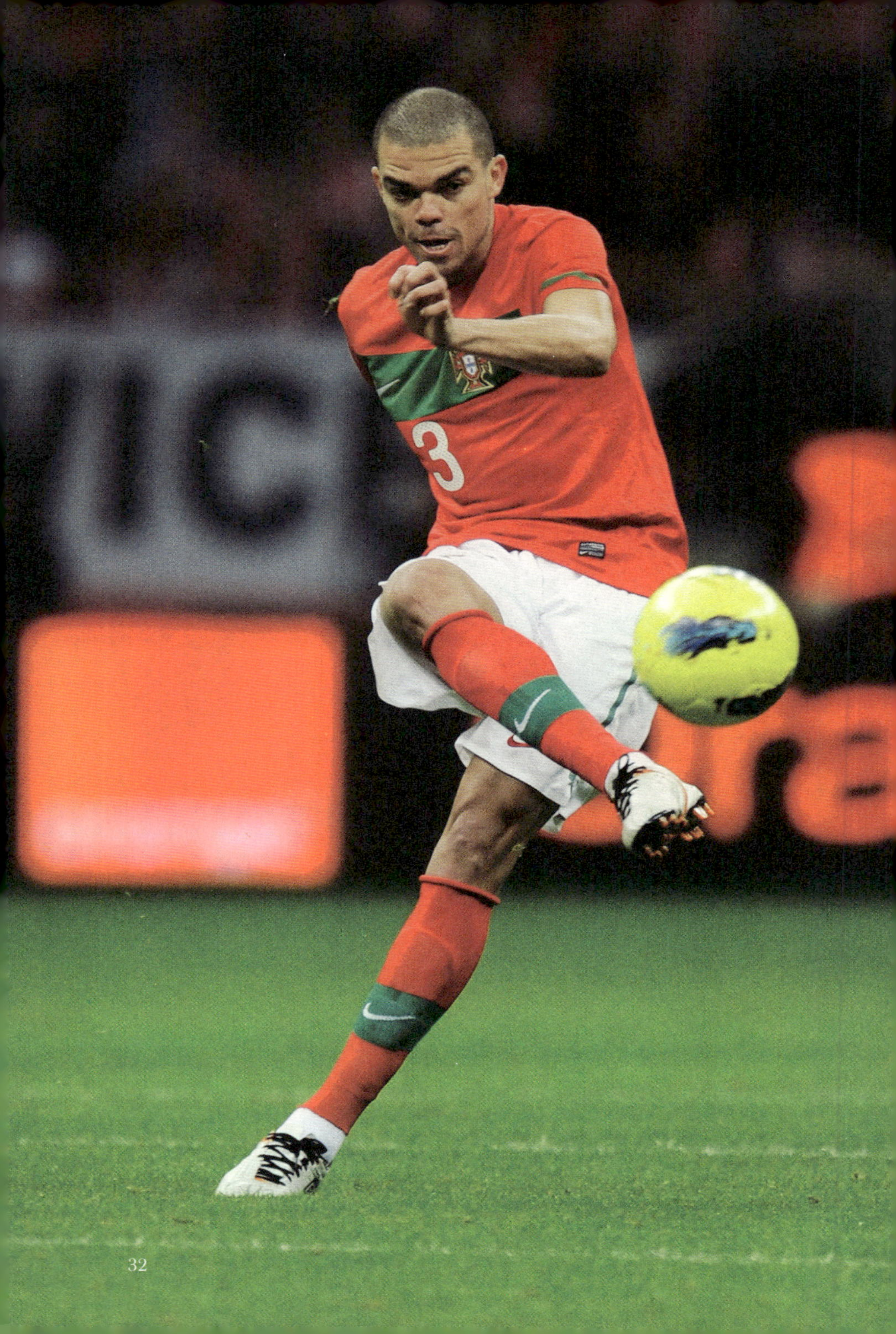

"五盾之魂"

不喜欢他的人，将他称为"武僧"，甚至冠以"球场恶汉"的名号；喜欢他的人，将他称为前锋的"噩梦"，后防线的"定海神针"。对于葡萄牙队，佩佩则是当之无愧的"队魂"。是他造就了这支葡萄牙队最为坚固的防线，即便已经41岁"高龄"，佩佩依然是后防核心。

佩佩出生在巴西，获得葡萄牙国籍后才加入了葡萄牙队，但是佩佩从选择为葡萄牙队效力的这一刻起，就注定会被载入葡萄牙足球的史册。在C罗成为葡萄牙队领袖的这个时代，佩佩就是C罗身边最好的帮手。

2016年欧洲杯决赛，C罗因伤被换下场之后，是佩佩等球员奋力拼搏，为葡萄牙队最终的胜利奠定了基础。当终场比赛哨响之后，佩佩甚至累到呕吐，让葡萄牙队球迷感动不已。那一刻，佩佩证明了自己就算没有出生在葡萄牙，但也是葡萄牙人。

葡萄牙队被称为"五盾军团"，其实佩佩就是"五盾军团"的防守之魂。41岁的年龄不会成为他的阻碍，2024年欧洲杯，佩佩将为葡萄牙队奉献"最后一滴血"。

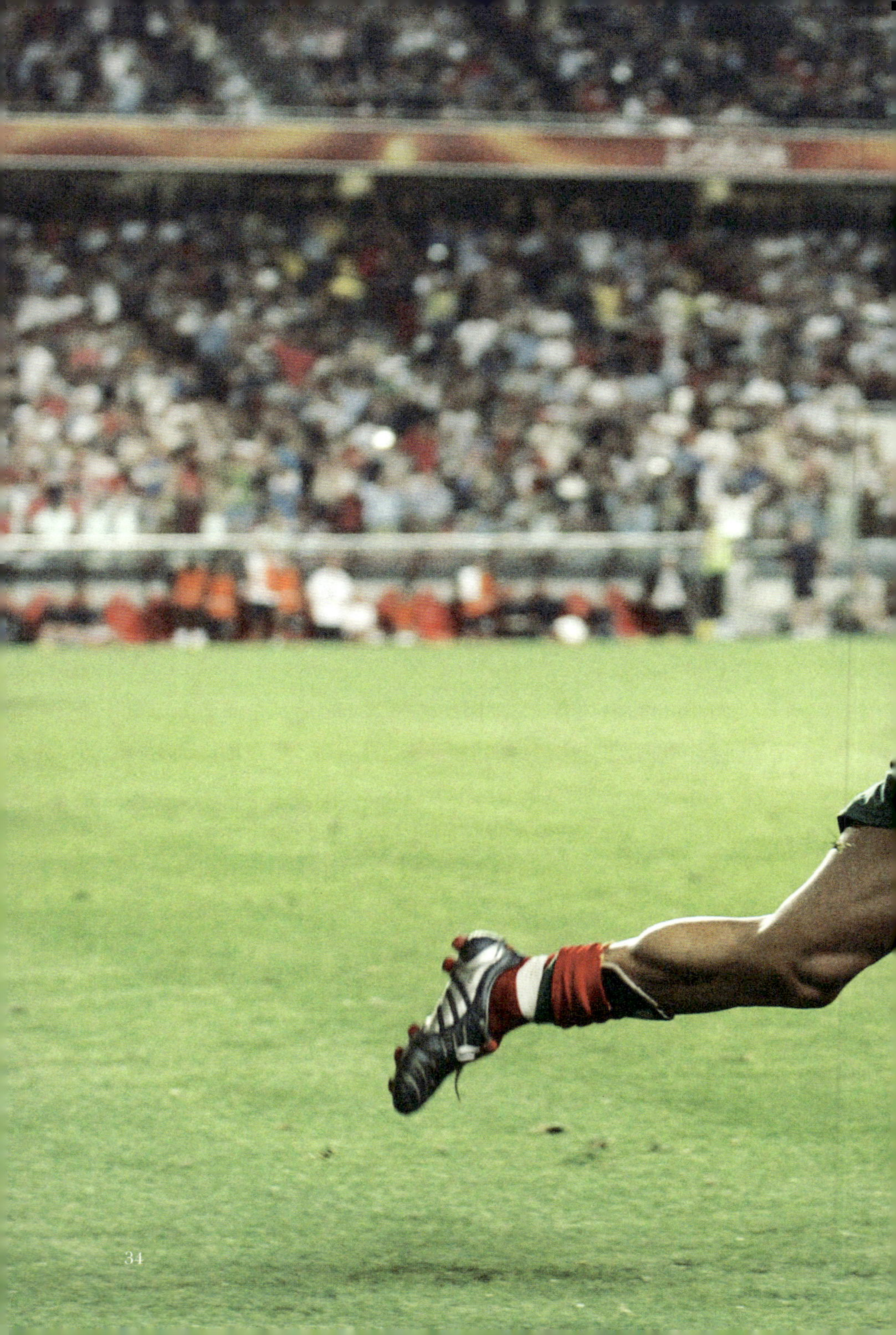

姓名：鲁伊·科斯塔

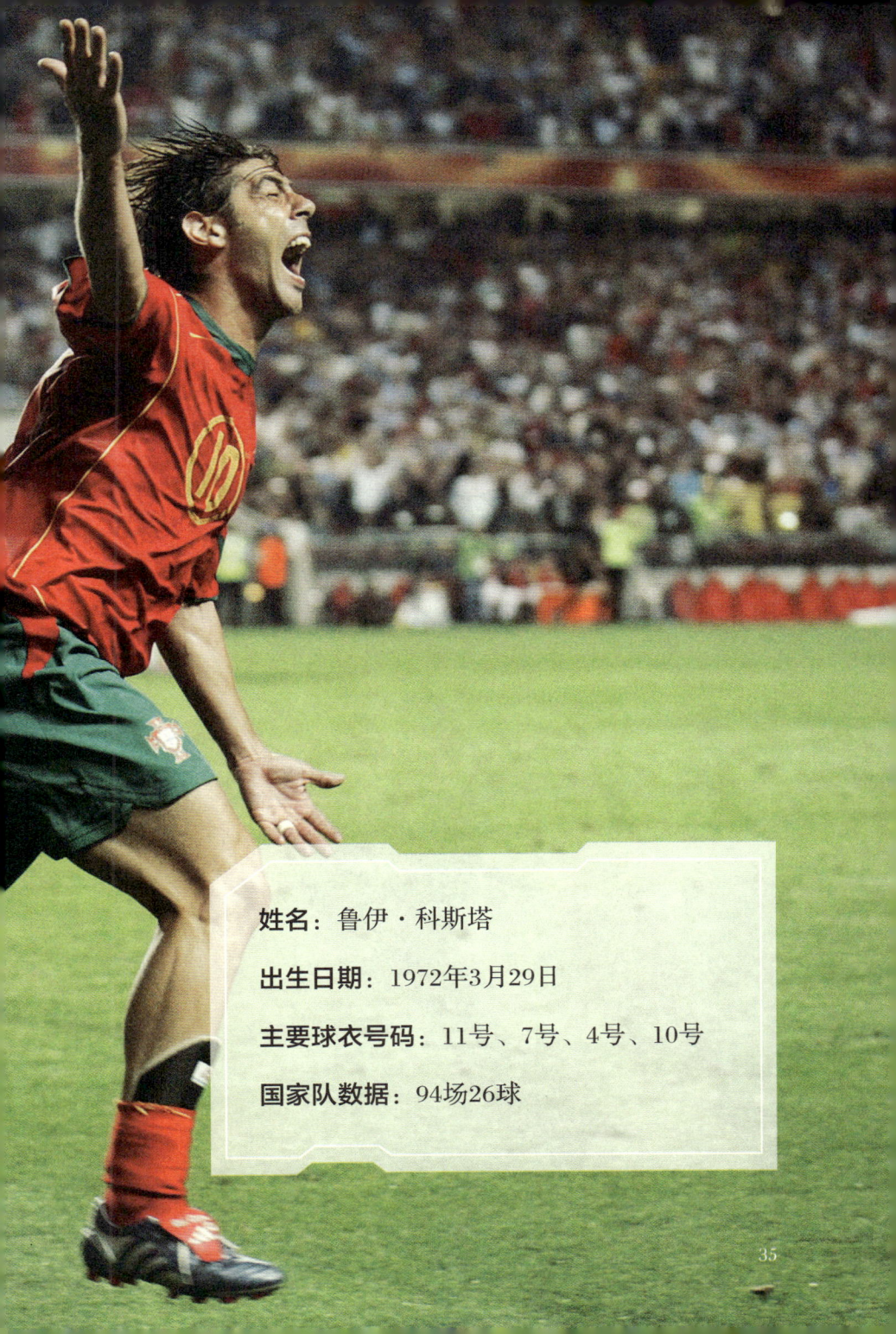

出生日期：1972年3月29日

主要球衣号码：11号、7号、4号、10号

国家队数据：94场26球

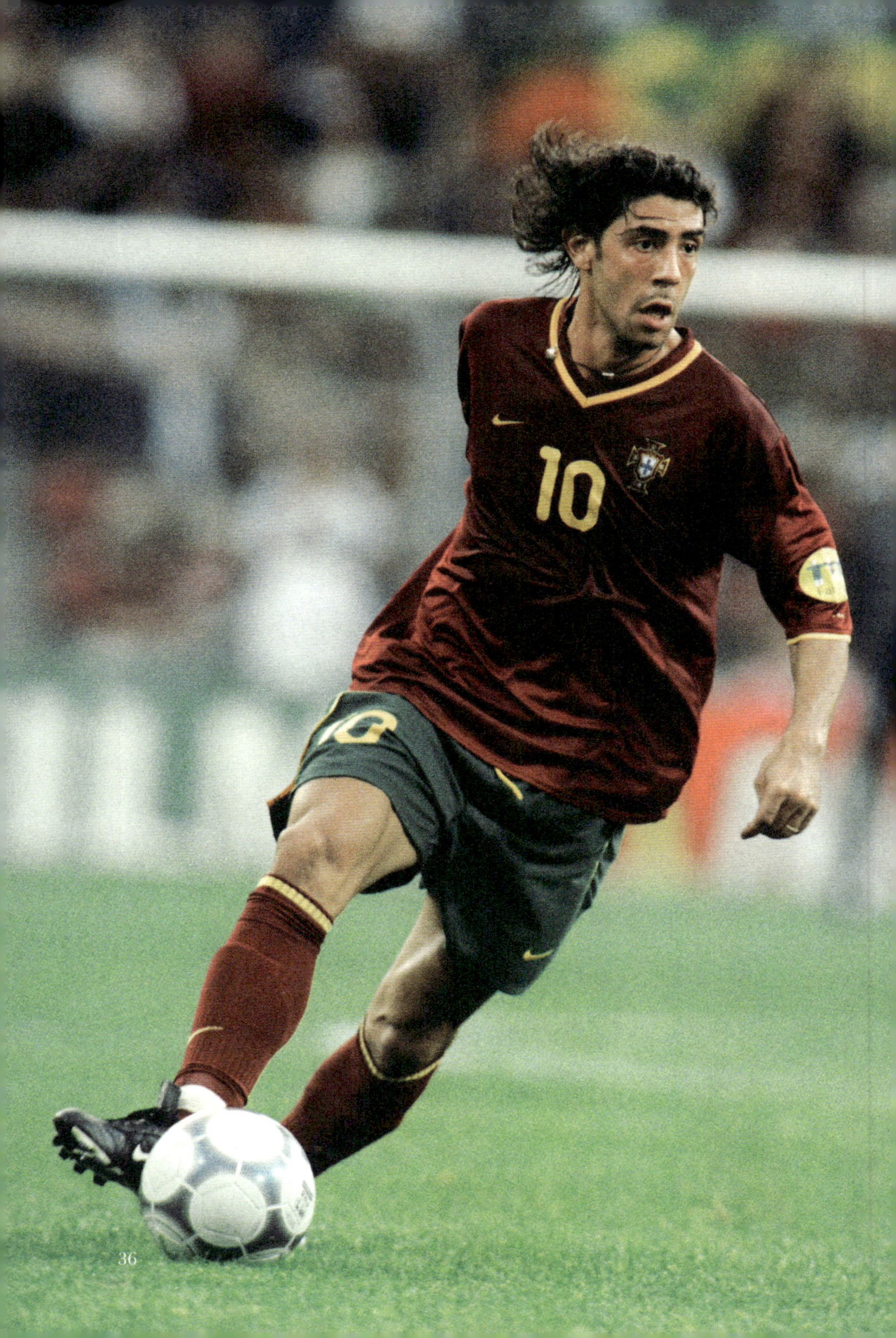
10

"跳舞"的10号

葡萄牙队的历史，不缺少超级前锋，比如C罗、尤西比奥，但是葡萄牙队却缺少一个真正的中场大师，鲁伊·科斯塔则是最接近的那一个。优雅的球风，细腻的技术，让科斯塔在葡萄牙队的中场占有一席之地。

在足球场上，10号有着特殊意义。如果他是一名中场球员，那就代表着他对球场上发生的一切事情了如指掌，随时会给予队友手术刀般的传球；当然他也能用最具想象力的方式给予对手沉重一击。而科斯塔则真正诠释了10号的意义。

2000年欧洲杯小组赛，当葡萄牙队0∶2落后英格兰队时，科斯塔用鬼魅一般的三次助攻帮助球队完成逆转，这是属于大师的表演；2002年世界杯，在小组赛葡萄牙队对阵波兰队的比赛中，科斯塔解锁了个人在世界杯的处子球；2004年欧洲杯，科斯塔在对阵英格兰队时完成了非常漂亮的远射得分。

有一个这样的问题：如果给巅峰期的C罗搭配上一个巅峰期的科斯塔，这会是一个怎样的故事呢？

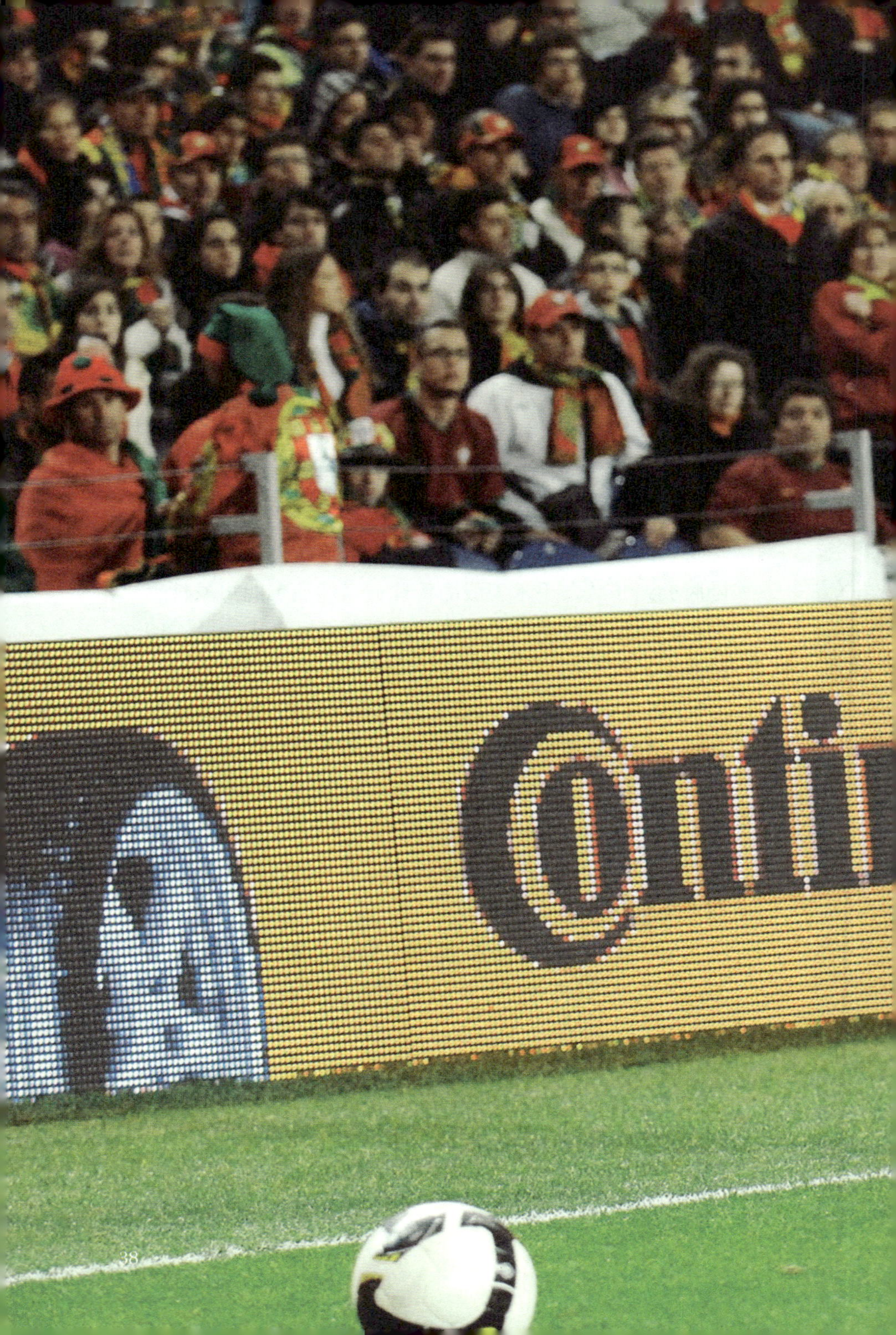

姓名：德科

出生日期：1977年8月27日

主要球衣号码：16号、20号、10号

国家队数据：75场5球

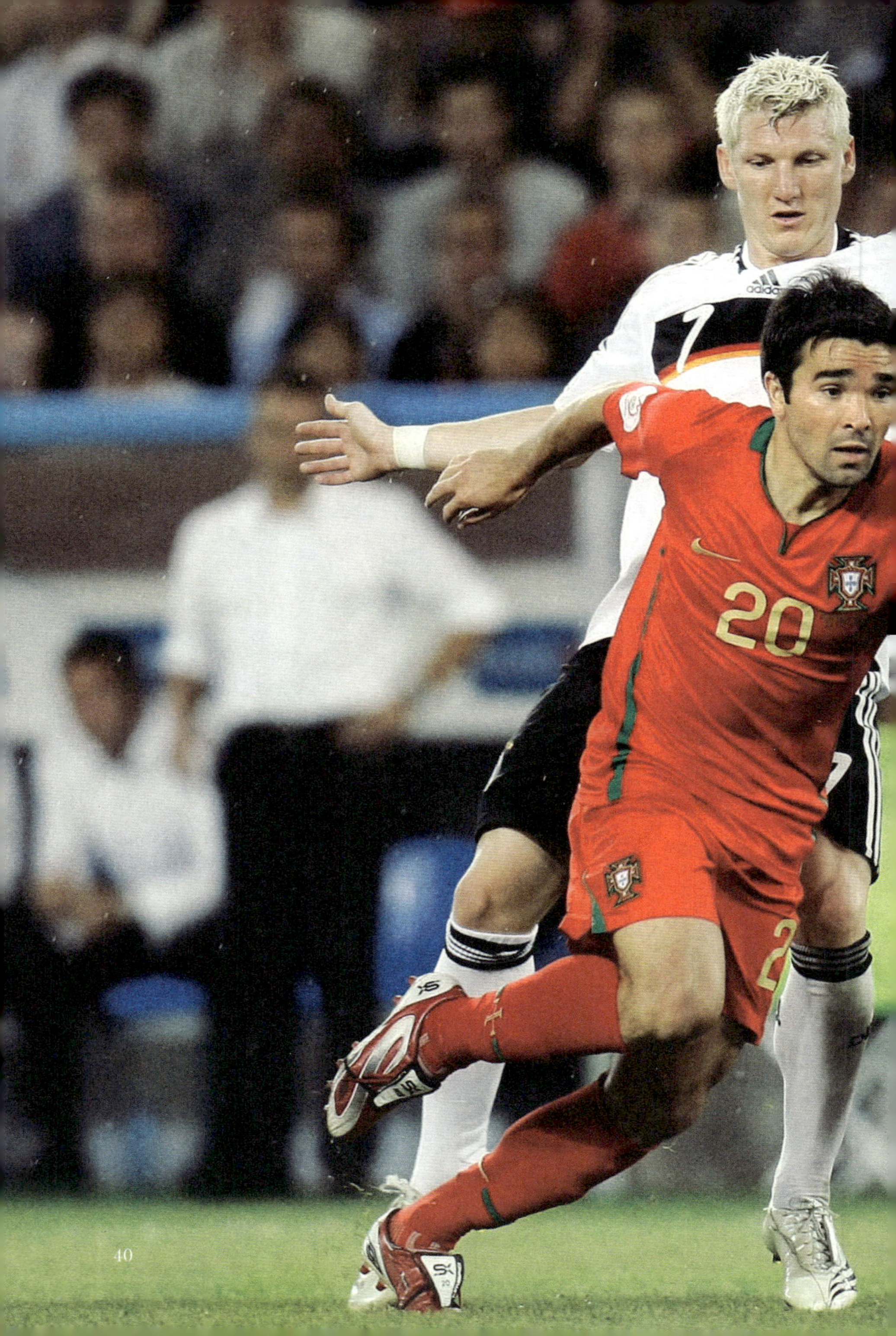
adidas
7
20

巴西"外援"

在历史上,巴西和葡萄牙有着很多渊源,所以不少出生在巴西的球员都曾为葡萄牙队效力,德科是其中的代表。1977年,德科出生于巴西的圣保罗州,不到20岁时,德科以400万欧元的转会费加盟本菲卡队。

但是德科的绽放和本菲卡队无关,而是属于葡萄牙的另外一支豪门球队波尔图队。

1999年,德科加盟波尔图队,自此迎来了自己的辉煌之旅。尤其是当若泽·穆里尼奥执教波尔图队之后,德科正式进入巅峰时刻。2003年夏天和2004年夏天,德科更是以核心身份帮助波尔图队分别夺得欧洲联盟杯(欧足联欧洲联赛前身,统一简称"欧联")和欧冠冠军。

但是就是这样出色的德科,却迟迟没有机会入选巴西队,葡萄牙队这时向他抛出了橄榄枝。2003年,德科获得了葡萄牙国籍,随即便入选了葡萄牙队。在对阵巴西队的友谊赛中,德科攻入了自己在葡萄牙队的处子球。2004年欧洲杯和2006年世界杯,德科都是葡萄牙队绝对的主力球员。

来自巴西的德科,书写了葡萄牙队归化球员的精彩篇章。

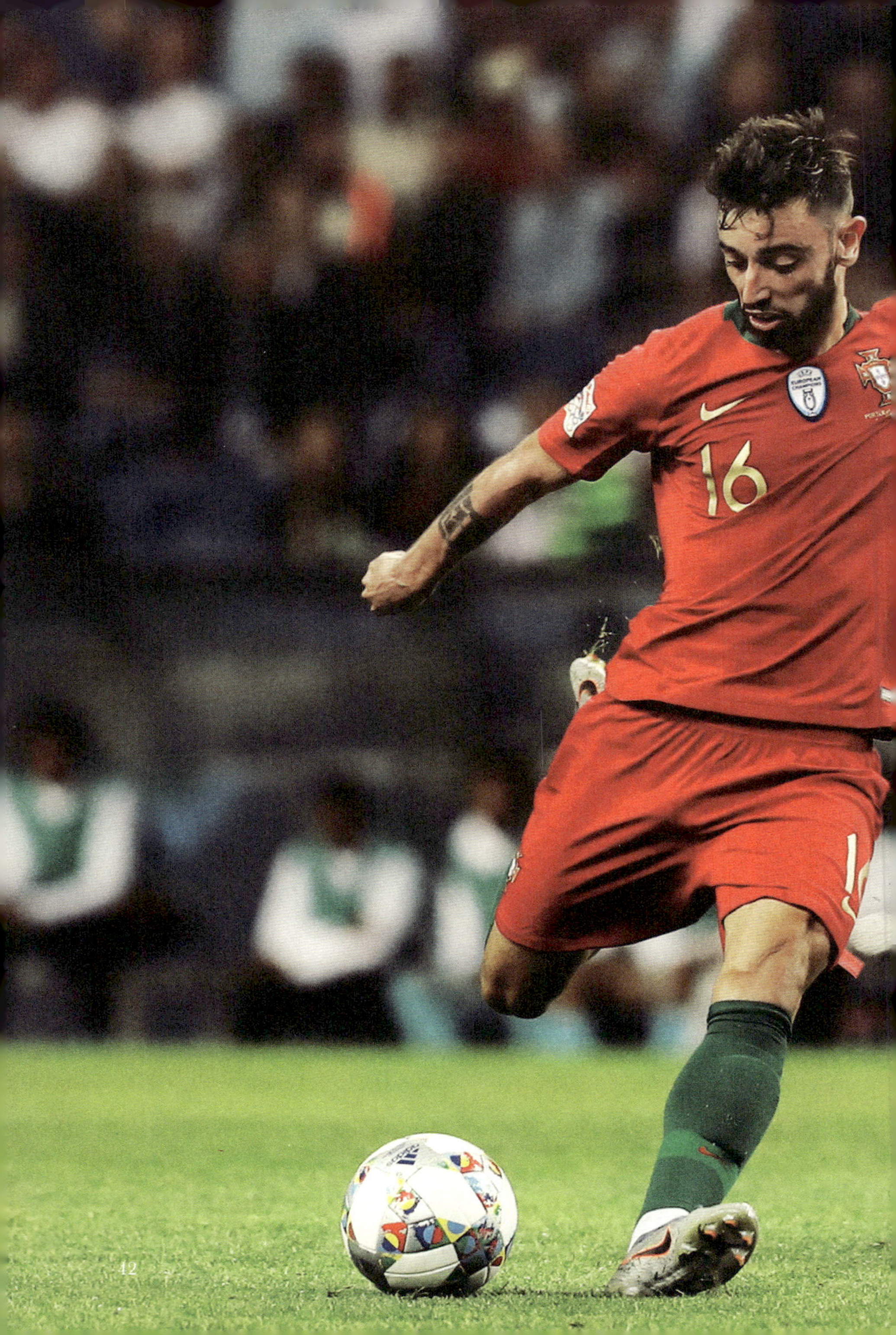

姓名：布鲁诺·费尔南德斯

出生日期：1994年9月8日

主要球衣号码：23号、16号、11号、8号

国家队数据：64场20球

中场新核

布鲁诺·费尔南德斯（简称"B费"）才华横溢，是如今葡萄牙队的中场新核心。他为球队屡建奇功，也被看作是C罗之后葡萄牙队新的领军人。

B费职业生涯初期，在意大利联赛经历了5年打拼，2017年他才重新回到葡萄牙联赛，加盟三大豪门球队之一的葡萄牙体育队。2020年，B费的职业生涯进入巅峰时刻，加盟世界豪门曼联队，并且成为曼联队的核心球员，还戴上了队长袖标。而在葡萄牙队，B费也在和队友尝试着将葡萄牙队带到全新的高度，这将是新一代葡萄牙队球员的使命。

篇首语

2004年6月12日下午4点,在葡萄牙波尔图全新落成的巨龙球场,葡萄牙队正在等待历史上的一个重要时刻。

这是葡萄牙历史上第一次承办国际大赛,也是葡萄牙队最有信心征战的一届国际大赛,因为球队中有经验丰富的路易斯·菲戈,也有初生牛犊不怕虎的C罗。

葡萄牙队与希腊队的2004年欧洲杯揭幕战即将开打,而在球场上,一场短暂但令人印象深刻的文艺表演正在进行当中。

在音乐的伴奏下,数百名演员带着一块块巨大的蓝色幕布走进球场,形成了一片蓝色的海洋,淹没了整个球场。

不多时,一艘艘木制帆船就出现在"海面"上,带着指南针与火炮的葡萄牙人乘风破浪,驶向了"海面"的中央。

葡萄牙队

很显然，这是历史上最令葡萄牙人感到骄傲和自豪的记忆：15—17世纪的大航海时代，葡萄牙人不仅扩大了自己的势力范围，而且加强了世界各地的联系。

大航海时代，葡萄牙人的勇气令人敬佩，然而，他们的足球却始终没能驶入海洋的中央。

相较于其他欧洲国家，足球传入葡萄牙的时间并不晚，但在远古时代，葡萄牙人对足球的接受速度却不像其他欧洲国家的人们那么快。

起步的时间更晚，足球体系的构建更慢，都使得葡萄牙队在历史上的早期如同鱼腩一般软弱。

直至尤西比奥的出现，才改变了这一现状。

葡萄牙足球的发展，就像葡萄牙人的远洋探索一般，需要的是一位优秀的船长。

20世纪60年代，在经历漫长的蛰伏期后，葡萄牙队终于迎来了球队的第一位领军人物——尤西比奥。尤西比奥的能力，远远超出同期葡萄牙队其他球员的平均水平。在1966年世界杯上，尤西比奥几乎是凭一己之力为葡萄牙队打出了历史上的第一个好成绩。

20世纪90年代，路易斯·菲戈、鲁伊·科斯塔等人的横空出世，让葡萄牙队突然变得不缺乏人才，哪怕在他们退役之后，葡萄牙队还有C罗这样足以比肩足球历史上那些最优秀球员的优秀人才。球迷也因此无限期待葡萄牙队的蜕变。

然而，远洋探索的确激动人心，但也危险重重。

在葡萄牙历史上，那些拥有名声的航海家都是顺利出发，安全归来的幸运儿，更多的航海家的命运其实是在途中遭遇风浪，甚至是葬身鱼腹。

很可惜的是，葡萄牙足球发展的领航人，更多的是遭遇风浪的"船长"。

尤西比奥极其出色，但在1966年世界杯，独木难支的他没能带领葡萄牙队打进决赛。路易斯·菲戈在不满20岁时带领葡萄牙国家青年队登顶世界，却在30岁后才带领葡萄牙队打出好成绩。

就连C罗也是一样，当他率队兵败2014年世界杯，对着镜头说出葡萄牙队不是强队的时候，他的内心比任何人都痛苦。

这些强者被迫承认自己仍有不足的样子，是那么的不甘心。

然而，2016年，在C罗和他的队友、在主教练费尔南多·桑托斯、在全体葡萄牙人都没有想到的时候，葡萄牙队获得了欧洲杯冠军。

回过头再看，这一过程充满了戏剧性。葡萄牙队在小组赛就不止一次要被淘汰出局，淘汰赛也是踢得磕磕绊绊，不要说所谓的冠

葡萄牙队

军相,每一场比赛能够拿下都充满了艰辛。

尤其是在决赛场上,当C罗因伤无法坚持被迫下场时,谁能想到终场哨声响起的时候,葡萄牙队在巴黎战胜了法国队。

这就是足球的魅力,而它最喜欢捉弄葡萄牙人。

500余年前,面对美丽而危险的大海,葡萄牙人没有选择退缩,而是迎难而上,后人踩着前人的脚印,最终发现了一块又一块新大陆。

所以,即便足球一次次给予他们希望,然后再一次次将他们的希望浇灭,葡萄牙人也不会放弃足球。

说白了,葡萄牙人的字典里没有"放弃"二字。

尤西比奥证明了葡萄牙人可以踢好足球,路易斯·菲戈证明了葡萄牙人可以角逐冠军,C罗证明了葡萄牙人可以走上欧洲之巅。

他们在葡萄牙的足球历史上留下了浓重的一笔,而如今,葡萄牙队就像过去100年里的大部分时间那样,正在静静地等待下一任"船长"。

第一章

漫长的蛰伏期

整个20世纪50年代,葡萄牙队的历史就是一段失败的历史。

——引语

葡萄牙队

◆ 不起眼的开端

在一切刚刚开始的时候,足球在葡萄牙并不受欢迎。

19世纪末,和其他地方一样,足球这项运动是由英国商人和水手传到葡萄牙的,而第一个有一群英国人踢足球的葡萄牙城市,是其北部的港口城市波尔图。

起初,葡萄牙人并不知道那群英国人在港口干什么,也没有兴趣了解。反倒是一位名叫安东尼奥·尼古劳·德·阿尔梅达的年轻的葡萄牙商人,因为长期在葡萄牙和英国之间进行贸易往来,不知不觉中喜欢上了足球。

于是,在1893年,他创建了波尔图足球俱乐部,并且在当年的10月8日,举办了俱乐部历史上的第一场比赛,虽然这只是在俱乐部初期由二十几名会员踢的一场内部比赛。

然而这家葡萄牙最早的足球俱乐部,却在1896年消失了。

传言阿尔梅达的新婚妻子不喜欢丈夫搞这种别人看不懂又很野蛮的运动,所以阿尔梅达逐渐远离了足球。但足球的种子,从这时就播撒到葡萄牙的土地上。

第一章 漫长的蛰伏期

直至20世纪初期,葡萄牙足球的三巨头——波尔图队、本菲卡队和葡萄牙体育队相继成立。从这个时候开始,足球才被更多的葡萄牙人所了解。

刚开始,葡萄牙的足球队分布在全国不同的地区,各个地区有着自己的管辖组织。到1914年,波尔图、里斯本以及发展同样快速的波塔莱格雷地区协会共同决定,成立葡萄牙足球协会(简称"葡萄牙足协")。其目的是在地区足球锦标赛的基础上,举办全国层面的足球锦标赛,并且选拔优秀球员组成葡萄牙队,与来自世界各地的球队进行比赛。

然而,由于第一次世界大战的爆发,葡萄牙队与其他球队交手的目标在接下来的七年里都没能实现。

1921年,也就是第一次世界大战结束三年之后,葡萄牙队终于与邻国的西班牙队进行了首场比赛,1∶3告负。第二年,葡萄牙足球锦标赛首次举办,获胜者会被授予"葡萄牙冠军"的称号。

葡萄牙队第一次在比赛中获胜,则要一直等到1925年6月18日,球队最终以1∶0的比分战胜了意大利队。

在这种发展缓慢、气氛低迷的形势下,葡萄牙队的发展前景并不明朗。1928年阿姆斯特丹奥运会,是葡萄牙队历史上第一次参加正式比赛。在这届比赛上,葡萄牙队的表现还是不错的。

葡萄牙队

预选赛上，葡萄牙队需要与智利队争夺正赛席位。在0∶2落后的情况下，葡萄牙队连进4球，以4∶2的比分获胜。

进入正赛之后，葡萄牙队的第一个对手是南斯拉夫队。在第25分钟，维托·席尔瓦打进了葡萄牙队在正式比赛中的首球，而在第90分钟，凭借奥古斯托·席尔瓦的绝杀球，葡萄牙队以2∶1获胜。

1/4决赛，葡萄牙队则以1∶2的比分不敌埃及队，从而结束了自己的第一次正式比赛之旅。

虽然成绩一般，但葡萄牙队的整体表现不错，场场比赛都能收获进球，这让当时的球员相当振奋。可惜的是，在很长一段时间内，这都将是葡萄牙足球为数不多的美好回忆。

◆ 一次次的失败

1930年，第一届世界杯在乌拉圭举办。虽然葡萄牙足协早在1923年5月就被国际足联吸收为会员，但葡萄牙队并未受邀参加第一届世界杯。

四年后，第二届世界杯在意大利举办。葡萄牙队从预选赛打起，结果在对阵西班牙队的两回合比赛当中，分别以客场0∶9、主

第一章 漫长的蛰伏期

场1∶2输球。葡萄牙队遭受了历史上第一次沉重的打击，西班牙队也由此成为葡萄牙队的老对手。

1938年法国世界杯，葡萄牙队也有意参加，这一次，球队只需要在中立场地战胜瑞士队便可晋级。但在上半场，葡萄牙队就以0∶2落后于对手，最终以1∶2的比分无缘世界杯。

球队的连续失利，让葡萄牙人有些心灰意冷。

第二次世界大战期间，葡萄牙足球的发展和欧洲大陆其他国家一样，都陷入了停滞，而在战后，葡萄牙队也没有显现出复苏的迹象。

1947年5月25日，葡萄牙队在主场以0∶10的比分惨败于英格兰队，这至今仍然是葡萄牙队历史上最惨痛的失利。在1950年巴西世界杯的预选赛上，葡萄牙队再次遭遇老对手西班牙队。首回合客场1∶5输球，次回合主场2∶2战平，葡萄牙队最终以总比分3∶7被西班牙队淘汰，无缘世界杯。虽然此次的表现比上一次有所进步，但葡萄牙队依然与世界先进水平的球队有着巨大的差距。

三年过后，命运没有发生任何的变化，甚至有愈发惨烈的趋势。葡萄牙队在1954年世界杯预选赛期间两战奥地利队，虽然球队在主场逼平对手，但此前的客场比赛却以1∶9的比分惨败。

葡萄牙队

1958年世界杯预选赛，葡萄牙队与北爱尔兰队、意大利队分到了同一个小组。葡萄牙队首战1∶1战平北爱尔兰队，第二场比赛3∶0战胜两届世界杯冠军意大利队让人颇感意外，不过后续两场比赛，葡萄牙队均在客场以0∶3落败。

由于对阵北爱尔兰队没有取胜，因此葡萄牙队在这个小组排名垫底，再次错失了参加世界杯的资格。

整个20世纪50年代，葡萄牙队的历史就是一段失败的历史。

动辄就是一场惨败，让葡萄牙队的球迷，乃至于球员都无法接受，后者甚至都开始怀疑自己是不是并不适合这项运动。

然而，远在大西洋彼岸的南美大陆，同为拉丁人组成的巴西队和阿根廷队，却能把足球踢得无比动人，成绩也相当出色。如果这一点还证明不了什么，那么唯一能让葡萄牙球员继续坚持下来的动力，是他们不甘心输给自己在伊比利亚半岛上的邻居——西班牙队。

所以，葡萄牙队在无尽的痛苦中坚持了下来。

1960年，欧洲足球协会联盟（简称"欧足联"）创建了欧洲国家杯，也就是欧洲杯的前身。竞争的强队变少，对于当时急需成绩和信心的葡萄牙队来说是一件好事。

第一章 漫长的蛰伏期

葡萄牙队在预选赛阶段遭遇民主德国队，首回合葡萄牙队依靠马图塔和马里奥·科鲁纳的进球战胜了对手；次回合面对民主德国队的反扑，葡萄牙队顽强不屈，以3∶2的比分再次取胜。

这是葡萄牙队在参加正式大赛的路上，第一次展现了高昂的精神面貌。虽然距离进入正赛还有很长一段征程，但在波尔图的安塔斯体育场，近两万名球迷的欢呼还是让球员使出了洪荒之力。

接下来，葡萄牙队输给了南斯拉夫队，错失了参加1960年欧洲国家杯正赛的机会。不过葡萄牙队在主场2∶1战胜南斯拉夫队的表现，包括此前的努力，都让球员和球迷对葡萄牙足球的未来产生了信心。

从某种角度来说，葡萄牙足球在近50年的时间里如此萎靡，是让人很难理解的。

唯一可行的解释，就是足球在这个国家的传播速度并不如在其他国家那么快，葡萄牙人对来自文化背景不同的英格兰的游戏并没有那么感兴趣，这使得足球在葡萄牙起步晚，随后发展也慢，从而一步步导致了葡萄牙足球发展的落后。

所以在近50年的漫长时间里，尤其是在20世纪50年代这10年，葡萄牙队给本国球迷带来的痛苦足以磨灭所有人的耐心，然而葡萄牙队坚持了下来。

葡萄牙队

　　未来将证明,这漫长的坚持都是值得的,因为将会有一位英雄,带领葡萄牙队走出黑暗。黑暗之后就是光明,葡萄牙队也将迎来其高光时刻。

第二章
"黑豹"的摇滚时代

从那个时候开始,葡萄牙足球发展的模式似乎就已经确立:这支并不缺少天赋的球队,必须有一名领军人物来带领其突破天花板。

——引语

葡萄牙队

◆ 天才的诞生

1942年1月25日,就在欧洲大陆还是战火横飞的时候,足球天才尤西比奥出生于葡萄牙的海外殖民地——莫桑比克。

尤西比奥的父亲是来自——安哥拉(葡萄牙的海外殖民地)的白人,他的母亲则是莫桑比克当地的一名黑人女性。

尤西比奥的父亲年轻时也喜欢踢球,还是本菲卡队的球迷,但他在尤西比奥8岁那年就因破伤风去世。所以,尤西比奥和他的四个兄弟姐妹几乎是在母亲一人的拉扯下长大的。

在莫桑比克当地,足球十分流行。

小时候的尤西比奥经常逃课,和朋友在空地上赤脚踢足球,说是足球,其实只是一个塞满了报纸的袜子。

那个时候,尤西比奥和他的朋友除了崇拜20世纪50年代的巴西队的球星之外,还崇拜同样来自莫桑比克并为葡萄牙队在欧洲杯预选赛上进球的科鲁纳。所以长大之后,尤西比奥和朋友就前往科鲁纳在莫桑比克效力过的球队——洛伦索·马克斯体育队,打算去试试运气,结果球队的工作人员连试训的装备都没发给他们。

第二章 "黑豹"的摇滚时代

尤西比奥非常生气，但想到偶像科鲁纳，他还是压住怒火，又去试了一次，结果自然还是不欢而散。

这里不行，尤西比奥便来到了洛伦索·马克斯竞技队。

从本心来说，尤西比奥并不想加盟洛伦索·马克斯竞技队，因为该球队是葡萄牙体育队在莫桑比克的卫星球队，而葡萄牙体育队和本菲卡队是死敌，这让喜欢本菲卡队的尤西比奥相当纠结，但他也不能因此放弃踢球。所以，在试训通过之后，尤西比奥和他的朋友便都加入了洛伦索·马克斯竞技俱乐部。

和其他人不同，虽然尤西比奥当时只有16岁，但他的能力已经相当突出。所以，尤西比奥在青年队只待了一年，便直接被选入一线队踢球。

从那时开始，尤西比奥在球场上带球、突破、射门、得分，帮助洛伦索·马克斯竞技队赢下一场又一场比赛。哪怕是对阵从葡萄牙来的球队，尤西比奥的表现依然非常出色。从1957年到1960年，尤西比奥总共为洛伦索·马克斯竞技队出场42次，打进77球，并在1960年为球队赢得了莫桑比克甲级联赛和洛伦索·马克斯地区锦标赛的冠军。

就这样，尤西比奥的名字引起来自葡萄牙球队的关注。在这些球队当中，本菲卡队是最想签下他的，葡萄牙体育队紧随其后。

葡萄牙队

当时，本菲卡队的前球员若泽·卡洛斯·鲍尔准备开启自己的非洲之旅，本菲卡队的教练古特曼·贝拉便要求他在这趟旅程中留意一些才华横溢的球员。看到尤西比奥之后，鲍尔便告诉古特曼需要迅速签下这个球员。于是在1960年12月15日，尤西比奥在本菲卡队工作人员的陪同下抵达了里斯本。

虽然尤西比奥来到了葡萄牙，但他却没有机会踢球。因为作为葡萄牙体育队的卫星球队——洛伦索·马克斯竞技队认为，尤西比奥在一声不响的情况下加盟本菲卡队是不对的，而且葡萄牙体育队当时也想签下尤西比奥，只不过不想掏钱而已。

所以，本菲卡队相当于先将尤西比奥扣了起来，再向葡萄牙体育总局提交转会申请，以免被葡萄牙体育队捷足先登。1961年4月6日，葡萄牙体育总局同意了洛伦索·马克斯竞技队的申诉，驳回了本菲卡队提交的关于尤西比奥的转会申请。于是本菲卡队四处筹措资金，先是打动了尤西比奥的妈妈和哥哥，从而让尤西比奥给法庭写了一封信，表示他的法律代表，也就是他的母亲，不允许他为本菲卡队之外的其他任何球队踢球。随后又给了洛伦索·马克斯竞技队400康托（当时汇率相当于2000欧元），从而解决了法律程序上的所有事情。

1961年5月23日，在光明球场，尤西比奥首次代表本菲卡队出场。那场比赛本菲卡队以4∶2取胜，尤西比奥上演了帽子戏法，证明了本菲卡队为他花的钱都是值得的。

正是在这样精彩的表现后，1961年10月8日，尤西比奥便穿上了葡萄牙队的球衣，参加了对阵卢森堡队的世界杯预选赛。葡萄牙队最终以2∶4失利，但尤西比奥打进了葡萄牙队在这场比赛中的首球。

这场比赛，是葡萄牙队在1962年世界杯预选赛上的第三场比赛。前两场，葡萄牙队6∶0战胜卢森堡队，1∶1战平英格兰队。这场2∶4的输球以及下一场0∶2不敌英格兰队，使得葡萄牙队无缘小组第一，未能晋级1962年世界杯正赛。

这不是一个英雄一出场就力挽狂澜的故事，因为那时的尤西比奥才只有19岁，也刚刚接触到莫桑比克之外的足球世界。不过葡萄牙队的进步是显而易见的，球队再也不会以大比分输给对手了，这一点在未来将会得到更深刻的验证。

尤西比奥经过在本菲卡队的几年锻炼，他的能力持续提高。本菲卡队的球迷先感受到了他带来的快乐。

在1961—1962赛季欧洲冠军俱乐部杯（欧洲冠军联赛的前身，简称"欧冠"）的决赛中，尤西比奥梅开二度，帮助本菲卡队以5∶3的比分战胜了强大的皇马队。

葡萄牙队

1962—1963赛季，尤西比奥彻底爆发，他在39场比赛中打入38球，帮助本菲卡队重夺联赛冠军。在欧洲赛场，尤西比奥也帮助球队再次杀入欧冠决赛。虽然本菲卡队1∶2不敌AC米兰队，但尤西比奥打进一球。

1963—1964赛季，尤西比奥已经无人可挡，他在28场比赛中打入46球，本菲卡队也因此轻松获得了国内赛场的"双冠王"。

在这三个赛季当中，尤西比奥每年都可以进入金球奖评选的前五名，再不拿奖已经说不过去。1965年，尤西比奥赢得了金球奖，因为他在1964—1965赛季依然保持了极高的进球效率，在36场比赛中打入48球。

◆ **1966年的奇迹**

因为尤西比奥有这样的表现，所以葡萄牙队球迷对他在葡萄牙队的表现十分期待。

1964年欧洲杯预选赛，葡萄牙队与保加利亚队狭路相逢。首回合比赛，葡萄牙队在客场1∶3落败，尤西比奥打进一球。

在当时，这看起来只是挽回颜面的一球，但在次回合，葡萄牙

第二章 "黑豹"的摇滚时代

队也用3∶1的比分战胜了保加利亚队，尤西比奥的进球让葡萄牙队有了在中立场地重赛的机会。

1963年1月23日，两支球队在罗马奥林匹克体育场展开较量。比赛双方打得难解难分，直至比赛第87分钟才打破了僵局：保加利亚队球员格奥尔基·阿斯帕鲁霍夫破门，保加利亚队晋级下一轮。

这场失利虽然让葡萄牙队球员遗憾不已，但也让他们重新树立了信心。从这一天开始，葡萄牙队将不再是一个容易对付的对手了。

这一点，将在接下来的1966年得到更充分的证实。

1966年世界杯，是葡萄牙队第七次尝试冲击世界杯，这一次球队有了王牌。

预选赛阶段，葡萄牙队和土耳其队、捷克斯洛伐克队、罗马尼亚队被分到了同一个小组。第一场比赛，葡萄牙队以5∶1的比分大胜土耳其队，为自己开了一个好头，尤西比奥直接上演了帽子戏法。

接下来的两场比赛，葡萄牙队在客场连续以1∶0的比分小胜土耳其队和捷克斯洛伐克队，进球的球员都是尤西比奥。第四场比赛对阵罗马尼亚队，尤西比奥梅开二度，帮助球队以2∶1的比分战胜对手，这让现场的葡萄牙队球迷感受到了无尽的快乐。

虽然此后两场比赛都没能取胜，但前四场胜利已经让葡萄牙队

葡萄牙队

锁定了小组第一的位置。"五盾军团"（葡萄牙队昵称）已经为自己的首次世界杯之旅做好了准备。

1966年7月，世界杯在英格兰拉开帷幕。

小组赛阶段，葡萄牙队与上届冠军巴西队、匈牙利队和保加利亚队分在了一组。在外界看来，拥有贝利、加林查等球星的巴西队才是小组第一的有力竞争者，葡萄牙队能拿到第二名就不错了，但葡萄牙队可不想屈居次席。

在前两轮比赛中，葡萄牙队就以3∶1和3∶0的比分，分别战胜了匈牙利队和保加利亚队。同样在第二轮，巴西队则输给了匈牙利队。

小组赛第三轮，葡萄牙队与巴西队进行较量，前者需要胜利来确保小组第一的位置，后者则需要胜利来确保小组出线。比赛第15分钟，葡萄牙队球员安东尼奥·西蒙斯就用进球让巴西队的压力变得更大了，12分钟过后，尤西比奥收获进球，让巴西队的出线前景变得更为灰暗。比赛进行到第73分钟，巴西队扳回一城，但在第85分钟，尤西比奥再进一球，彻底摧毁了巴西队试图扳平比分的努力。

小组赛结束后，三战全胜的葡萄牙队取得了小组第一的好成绩，匈牙利队排名第二，而夺冠热门球队巴西队排名第三，在小组赛结束后便打道回府。

击败巴西队，以小组头名出线，葡萄牙队在第一次世界杯之旅中就完成了一个相当艰巨的任务。因此球员相当兴奋，外界更是将葡萄牙队视为这届世界杯的黑马之一。

1/4决赛的对决结果清晰之后，葡萄牙队的球员变得更加自信，因为他们的对手是朝鲜队。

1966年世界杯，朝鲜队也是黑马之一，其在小组赛中神奇地击败了意大利队，震惊了整个欧洲足坛。不过，朝鲜队的优势在于其未知性，随着三场小组赛结束，葡萄牙队对这支球队也有了一定的了解。

在1/4决赛中，两支球队为观众贡献了一场视听盛宴。比赛开始后，朝鲜队连入3球取得领先，正当外界以为3：0领先的朝鲜队将要淘汰葡萄牙队时，尤西比奥站了出来。

从比赛第27分钟开始，尤西比奥在32分钟的时间里连进4球，硬生生地帮助葡萄牙队逆转了比分。面对如此优秀的对手球员，朝鲜队后卫叫苦不迭，他们多次犯规，试图阻挡尤西比奥的进攻，结果还是无济于事。

比赛进行到第80分钟，葡萄牙队球员何塞·奥古斯托打进第5球，让葡萄牙队以5：3的比分赢得了这场精彩比赛的最终胜利。

葡萄牙队

在利物浦的古迪逊公园球场，尤西比奥的超强表现让4万多名球迷看得如痴如醉，看台上的英国报社记者也毫不吝啬对尤西比奥的夸赞。

有趣的是，葡萄牙队在半决赛的对手，正是这些本地球迷和记者所支持的球队——英格兰队。

这场比赛原本被安排在利物浦进行，但东道主英格兰队想利用自己的主场优势，因此将比赛地点改为了伦敦的温布利球场。传言，组委会正是担心尤西比奥和葡萄牙队表现出色，会将英格兰队淘汰出局，所以才决定将比赛改在伦敦举行。

比赛当天，9万多名观众涌入温布利球场，给葡萄牙队带来了相当大的压力。在这种压力之下，葡萄牙队球员的表现确实欠佳，而英格兰队球员博比·查尔顿则在观众的助威声中梅开二度，帮助"三狮军团"（英格兰队昵称）取得了领先。

在这场比赛中，葡萄牙队唯一的收获就是在第82分钟扳回一城，进球的依然是尤西比奥。最终，葡萄牙队1∶2不敌英格兰队，没能再进一步。

裁判吹响比赛结束的哨声时，尤西比奥的眼泪夺眶而出，在对手和队友的安慰下，他含泪走下了球场。

虽然未能闯入决赛，但葡萄牙队的表现依然让其球迷很满意，

第二章 "黑豹"的摇滚时代

而且也赢得了当地球迷的掌声。

季军赛，葡萄牙队对阵苏联队，观赛的8万余名球迷大多数都选择了支持葡萄牙队。让英格兰球迷印象深刻的尤西比奥，在比赛第12分钟就首开纪录，帮助葡萄牙队取得领先优势。

不过在比赛的第43分钟，苏联队扳平比分，让这场比赛没有变得更"鸡肋"。在比赛的常规时间还剩最后1分钟的时候，葡萄牙队打进绝杀球，让这场比赛变得更为精彩。

最终，葡萄牙队在其首次世界杯之旅上就收获满满，不仅球队拿到了第三名的好成绩，而且尤西比奥还以9球的成绩获得了世界杯金靴奖。当葡萄牙队回到葡萄牙的时候，球队受到了全国球迷的热烈欢迎。

这是葡萄牙队球员作为国脚的第一个骄傲的时刻。

在英格兰，尤西比奥的名字也变得极为响亮，随着英格兰媒体的报道，他的绰号"黑豹"广为人知。世界杯结束后，尤西比奥获得了BBC（英国广播公司）颁发的1966年年度海外体育人物奖，伦敦杜莎夫人蜡像馆也为其新添了一座蜡像。

从那个时候开始，葡萄牙足球发展的模式似乎就已经确立：这支并不缺少天赋的球队，必须有一名领军人物来带领其突破天花板。

葡萄牙队

很显然,尤西比奥就是第一位葡萄牙足球的领军人物。

在前锋线上奋力拼杀的尤西比奥,是葡萄牙队取得质的突破的重要推动力,甚至可以说是唯一的推动力。然而,葡萄牙队球迷,甚至是尤西比奥自己可能都没有想到,1966年世界杯这样的美好光景只出现了一次。

接下来的葡萄牙队,将会重新经历没有尤西比奥的日子。

第三章

低谷中前行

然而葡萄牙队总是幸运的,因为这支球队总能等到一个又一个出色的球员。

——引语

葡萄牙队

◆ 天才也无奈

按照常例，第一次参加世界杯就获得季军，第一次参加世界杯就打进9球，这样一支球队和尤西比奥这样的球员应该在接下来的几年里继续发光发热，但现实并非如此。

这听起来非常匪夷所思，因为尤西比奥此后在本菲卡队的表现依然出色，还帮助球队夺得联赛、杯赛等各种冠军，但类似的情景就是没有发生在国家队赛场。

1966年世界杯结束之后，葡萄牙队开始备战1968年欧洲杯。

在预选赛阶段葡萄牙队与保加利亚队、挪威队和瑞典队分在一组。第一场比赛，葡萄牙就在主场以1：2的比分不敌瑞典队，之后在客场挑战瑞典队也未能取胜，只获得了一场1：1的平局。

在对阵挪威队的两个回合的比赛中，葡萄牙队均以2：1取胜。这让"五盾军团"只要在最后两场对阵保加利亚队的比赛中取得更好的结果，就有机会取得小组第一名的成绩。结果在两场比赛中，葡萄牙队1平1负，直接保送保加利亚队获得了小组第一名。

这一次的失败虽然让人愤怒，但还没有让葡萄牙队球迷有所怀

第三章 低谷中前行

疑。然而，在错失参加1970年世界杯的机会后，他们开始担忧起来。

因为在这一届世界杯预选赛上，葡萄牙队回到了20世纪50年代那种萎靡的状态。

和罗马尼亚队、希腊队、瑞士队分到一个小组，葡萄牙队的抽签结果其实不算差，但其表现很糟糕。第一场比赛，葡萄牙队在主场以3∶0的比分击败了罗马尼亚队，给自己开了一个好头；但第二场比赛，葡萄牙队就在客场2∶4不敌希腊队，尤西比奥的进球也无法拯救这支球队。

此后分别对阵瑞士队、希腊队和罗马尼亚队，葡萄牙队没有取得一场比赛的胜利。最终葡萄牙队在6场比赛中取得1胜2平3负，排名小组倒数第一。

这一次倒数第一的排名，让葡萄牙队球迷直接想起了过去根本没有希望进入国际大赛的糟糕日子。那些日子相当漫长，现在的情况也变得一样了。

1972年欧洲杯，葡萄牙队尝试重整旗鼓，球队在预选赛阶段与比利时队、苏格兰队和丹麦队分到了同一个小组。

首场比赛，葡萄牙队1∶0战胜丹麦队，但接下来面对小组内的最强对手比利时队时，葡萄牙队在客场0∶3完败于对手。葡萄牙队之后相继战胜苏格兰队、丹麦队，一切看起来似乎回到了正轨。

葡萄牙队

然而,最后两场比赛,葡萄牙队先是在客场1∶2不敌苏格兰队,随后又在主场1∶1战平比利时队。这两场比赛的结果有多么关键,只需要看最后的积分榜就清楚了。

最后6场比赛打完,葡萄牙队排名小组第二,无缘晋级正赛,而排名第一的比利时队只比其多出一个胜场。

如果葡萄牙队在客场战胜苏格兰队、在主场战胜比利时队,其就可以拿到小组第一。

1972年,当欧洲球迷都在关注欧洲杯的时候,葡萄牙的球迷只能作为旁观者。这种痛苦的感受从1968年欧洲杯开始,中间经过1970年世界杯,一直持续到1972年欧洲杯。但在这一年,葡萄牙的球迷终于找到了一个自我安慰的办法。

为了庆祝巴西独立150周年,1972年6月,巴西体育联合会组织了一项规模庞大的友谊赛,邀请了来自南美洲、欧洲、非洲和中北美及加勒比海地区的总共20支球队参加,其中就包括葡萄牙队。

这支葡萄牙队主要由本菲卡队的球员组成,所以可以算是主力尽出,尤西比奥、海梅·格拉萨、温贝托·科埃略、鲁伊·若尔当这些球员都在参赛名单里。

在这项规模庞大,但带有友谊赛性质的比赛中,葡萄牙队的表现不错。在第一阶段小组赛中,葡萄牙队相继战胜了厄瓜多尔队、

第三章 低谷中前行

伊朗队、智利队和爱尔兰队，以全胜的战绩晋级第二阶段。在第二阶段的小组赛中，葡萄牙队又战胜阿根廷队和苏联队，只在对阵乌拉圭队时未能取胜。

作为第二轮的小组第一，葡萄牙队和东道主巴西队会师决赛。最终，巴西队球员雅伊尔津霍在第89分钟打入绝杀球，葡萄牙队获得了这项赛事的第二名。

这是一个让人很骄傲的战绩吗？

似乎是的，因为葡萄牙队在晋级决赛的路上打败了不少强队，尤其是战胜了阿根廷队，这是一场相当有说服力的胜利。

但结果似乎又让人没那么高兴，因为说到底，这项赛事终归只是一次大型的友谊赛而已。

真正能让葡萄牙队球迷感到振奋的，其实还是球队在冲击世界杯、欧洲杯时的表现，因为球队在这些大型赛事中的表现才是最关键的。

但在之后的数年里，葡萄牙队的表现依然让其球迷感到无比失望。

1974年世界杯预选赛，葡萄牙队的对手分别是保加利亚队、北爱尔兰队和塞浦路斯队。

理论上，葡萄牙队的真正对手只有保加利亚队，然而在两回

葡萄牙队

合双杀塞浦路斯队之后，葡萄牙队居然在对阵北爱尔兰队的时候就掉了链子，如果不是尤西比奥的进球，葡萄牙队甚至要输掉这场比赛。

一场平局使得葡萄牙队在此后的比赛中再也不能出现任何的失误。然而接下来客场对阵保加利亚队，葡萄牙队直接以1∶2输掉了比赛，回到主场也未能战胜保加利亚队，只能接受2∶2的平局结果。

从这一刻起，葡萄牙队失去了晋级的可能。于是，最后一场比赛对阵北爱尔兰队，没有了斗志的葡萄牙队也未能赢得比赛，用一场1∶1的平局结束了这一届让人失望的预选赛之旅。

这一年，尤西比奥也开始了自己在本菲卡队的最后一个赛季。1975年，33岁的尤西比奥离开本菲卡队，加盟美国的波士顿民兵队。

这个年龄也说明，葡萄牙队依靠不了尤西比奥了。

1976年欧洲杯预选赛，葡萄牙队的同组对手是捷克斯洛伐克队、英格兰队和塞浦路斯队。这个分组结果对葡萄牙队相当不利，其有把握打败的对手只有塞浦路斯队，而捷克斯洛伐克队和英格兰队的实力都在葡萄牙队之上。

比赛的具体情况也是如此。葡萄牙队获胜的两场比赛都是战胜了塞浦路斯队，两个回合都能战平英格兰队就已经很不错了。最终，葡萄牙队排名小组第三，无缘正赛。

糟糕的日子还在继续。

1978年世界杯预选赛，葡萄牙队还是未能晋级正赛，其小组赛排名低于波兰队，让努力再次白费。

1980年欧洲杯预选赛，结果还是一样。这一次葡萄牙队的表现还是相当一般，最终位列比利时队和奥地利队之后，仅仅排名小组第三。

1982年世界杯预选赛，葡萄牙队的小组赛排名继续下降，这一次排到了苏格兰队、北爱尔兰队和瑞典队之后，只比以色列队高了一名。

◆ 后尤西比奥时代

痛苦的日子在1984年欧洲杯终于告一段落。

这一届欧洲杯预选赛，葡萄牙队与苏联队、波兰队和芬兰队被分在一组。葡萄牙队先是战胜了芬兰队和波兰队，但在第三场比赛0∶5惨败于苏联队，让其痛苦的记忆再次出现。

葡萄牙队

　　随后，葡萄牙队以5∶0的比分大胜芬兰队抚平了自己的伤口，然后1∶0战胜波兰队缩小了自己和苏联队的分差。

　　最后一场比赛，葡萄牙队对阵苏联队，前者需要用一场胜利来夺回小组第一。比赛进行到第42分钟，葡萄牙队前锋鲁伊·若尔当罚进点球，葡萄牙队正是用这唯一的进球击败了苏联队，从而力压苏联队位列小组第一，成功闯入1984年欧洲杯正赛。

　　这一届欧洲杯，葡萄牙队在没有大牌球星的条件下，打得也是相当不错。

　　小组赛阶段，葡萄牙队相继战平联邦德国队和西班牙队，随后又战胜罗马尼亚队，从而以小组第二名的成绩晋级四强。

　　半决赛对阵米歇尔·普拉蒂尼率领的法国队，这场比赛是葡萄牙队有史以来最激动人心的比赛之一，因为葡萄牙队打得相当顽强。法国队凭借让-弗朗索瓦·多梅尔格首开纪录，若尔当则在第74分钟打进扳平比分的一球，把比赛拖入了加时赛。第98分钟，若尔当再进一球，帮助葡萄牙队反超比分，第114分钟，多梅尔格把比分扳到2∶2。

　　然而这场比赛属于法国队，属于普拉蒂尼，就在比赛即将进入点球大战的时候，普拉蒂尼打进绝杀球，将葡萄牙队淘汰出局。

第三章 低谷中前行

这一次的欧洲杯四强成绩,让葡萄牙队如释重负。"五盾军团"终于再一次证明了自己,而且还是在从未亮相过的欧洲杯赛场。

虽然这一切建立在错失了多达8次国际大赛的惨痛历史之上。

按照常理,重回国际大赛,并且取得了好成绩,葡萄牙队将再一次迎来改写自己命运的时机,然而在球队和足协之间,一场矛盾正在酝酿当中。

1986年世界杯预选赛,葡萄牙队再一次踏上了征程。

和在两年前欧洲杯预选赛时一样,葡萄牙队此次的征程并不顺利。这一次葡萄牙队与联邦德国队、瑞典队、捷克斯洛伐克队和马耳他队分在了一组。

刚开始,一切还很顺利。葡萄牙队相继战胜了瑞典队和捷克斯洛伐克队,随后却遭遇主场两连败,分别是1∶3不敌瑞典队和1∶2不敌联邦德国队,其间以一个3∶1战胜马耳他队冲淡了悲伤。此后的两场比赛,葡萄牙队先是0∶1不敌捷克斯洛伐克队,之后3∶2险胜马耳他队。

1985年10月16日,葡萄牙队在客场击败了联邦德国队,至此结束了自己的预选赛征程。

比赛结束后,葡萄牙队位列小组第二,有惊无险地获得了1986

葡萄牙队

年世界杯正赛的名额。

好不容易重回世界杯赛场，这本来是一件好事，但在葡萄牙队启程前往1986年世界杯的举办地墨西哥时，问题开始出现了。

前往墨西哥的时候，葡萄牙足协并没有给球队安排直飞的航班，而是在途中经停了德国法兰克福和美国达拉斯，整个航程长达24小时。

到了墨西哥，葡萄牙队发现足协为其准备的训练基地不仅条件很差，而且根本无法满足备战世界杯的特殊要求。比如预订的酒店内部没有会议室，导致球队的战术会议不得不在游泳池边进行；训练场地不符合标准，一侧场地高，另一侧的场地则明显偏低，这使得葡萄牙队不得不改在当地的一座公共体育场进行训练，根本达不到保密的要求。此外，球员还需要与当地民众共用更衣室。

除此之外，葡萄牙足协为球队准备的热身赛也状况频出。在与当地一支业余球队敲定比赛日程之后，葡萄牙队全员抵达比赛场地，一直等到预定的开球时间，对手却还没有到达。在计划中，葡萄牙队本来打算与智利队进行一场严肃的热身赛，结果临近开赛，葡萄牙足协始终不愿给智利队支付出场费，这场比赛被迫取消。已经打磨好战术的葡萄牙队只好与酒店的厨师和工作人员进行了一场比赛。

第三章 低谷中前行

面对如此业余的后勤保障水平,葡萄牙队球员愤怒不已,于是他们向葡萄牙足协表达抗议,并且要求从他们参加的商业广告和活动中获得额外收入,这一要求被葡萄牙足协断然拒绝。于是在1986年5月25日,球员宣布在当天罢训,以示对葡萄牙足协保障不力和收入分配不公的抗议。

第二天,葡萄牙队恢复训练,但不少球员选择反穿训练服,让葡萄牙足协无法从赞助商那里获取更多的利益。

虽然球员对葡萄牙足协有着种种不满,但他们在训练中还是保持了积极的态度,毕竟比赛不是为了葡萄牙足协。

在世界杯开幕之后,小组赛第一场,葡萄牙队便战胜了强大的英格兰队,卡洛斯·曼努埃尔为葡萄牙队破门。

不过在第二场和第三场比赛,葡萄牙队还是暴露了自己能力不足的问题,队长的受伤更是让球队的实力大为受损。葡萄牙队分别以0∶1和1∶3的比分输给了波兰队和摩洛哥队,结束了这一届的世界杯之旅。

当然了,如果有更好的备战环境,葡萄牙队的成绩或许会稍好一些。

回国之后,球员立刻为自己的抗议付出了代价。

因为媒体并没有报道葡萄牙队在备战时所面临的糟糕环境,球

葡萄牙队

员要求获得额外收入的行为引起了民众的反感,而葡萄牙足协在这次矛盾中占据了道德层面的制高点,顺势开展了"大清洗"。

主教练何塞·托雷斯选择辞职,大部分球员也都无法再入选葡萄牙队。这导致葡萄牙队在很长一段时间都只能派出实质上的二队阵容参加比赛,从而影响了球队接下来的成绩。

葡萄牙队长时间无缘国际大赛的噩梦,再次出现。

1988年欧洲杯预选赛,葡萄牙队与意大利队、瑞典队、瑞士队和马耳他队分在同一个小组。

整个预选赛的8场比赛,葡萄牙队仅取得了两场比赛的胜利,根本不具备冲击正赛的可能性,尤其是主场2∶2战平马耳他队,更是暴露了葡萄牙队实力严重不足的问题。

1990年世界杯预选赛也是一样,葡萄牙队的实力稍有提升,但依然在和比利时队、捷克斯洛伐克队的直接较量中不占优势。这导致葡萄牙队最终排名小组第三,无缘1990年世界杯正赛。

1992年欧洲杯预选赛,葡萄牙队与荷兰队、希腊队、芬兰队和马耳他队分在一组。虽然葡萄牙队一度战胜荷兰队,但0∶0战平芬兰队、2∶3不敌希腊队,还是暴露了这支球队表现不稳定的老毛病。最终葡萄牙队位列小组第二,无缘1992年欧洲杯正赛。

20多年间,葡萄牙队用实际行动诠释了什么叫作"伪强队"。

第三章 低谷中前行

葡萄牙队拥有尤西比奥这样的球星,也有在俱乐部夺得欧冠冠军的优秀球员,但在国家队大赛偶尔战胜强队一次不叫出色,稳定地赢下该赢下的比赛才是关键。

葡萄牙队恰恰就是在这一点上做得很差。很多时候,葡萄牙队没有进入国际大赛正赛,不是因为输给了强敌,而是因为在一些不该犯错的时候犯了错。

1986年世界杯的罢训事件,更是说明了球队的成绩不佳,不仅是由于球员在球场上表现不佳、足协等部门也没有做好自己的本职工作造成的,还有方方面面的不足和失误,共同造成了葡萄牙队在球场上表现低迷,成绩不佳。

然而葡萄牙队总是幸运的,因为这支球队总能等到一个又一个出色的球员。

在漫长的蛰伏期,足球这项运动,其实对于葡萄牙来说甚至都是陌生的。但是在时间的消逝之后,葡萄牙足球迎来了史诗级的人物,他就是尤西比奥。

可是当尤西比奥带着无比灿烂的荣光离开,葡萄牙足球又跌入了低谷。在低谷中前行,其实是很困难的。更何况对于葡萄牙队来说,其迫切地想要在世界足坛占有一席之地,因此低谷中前行的这一段时光,对于葡萄牙队球迷来说是痛苦难熬的。

葡萄牙队

经历了痛苦之后，曙光就会出现。

其实直到现在，对于葡萄牙足球的历史，很多球迷朋友并不熟悉。20世纪90年代以前，有谁关心葡萄牙足球呢？有谁在意葡萄牙队在国际大赛的成绩呢？

当时间来到20世纪90年代之后，葡萄牙队开始吸引更多球迷的目光。也就是在这个时候，葡萄牙队的人才实现了井喷。一个接着一个的世界级球星诞生了，一个又一个的荣誉也接踵而来，葡萄牙足球将开启自己的新篇章。有些绚烂，有些华丽，就像航海家发现了新大陆一样，葡萄牙足球接下来将进入一个新的时代。

第四章

绚烂的"黄金一代"

葡萄牙队幸运地拥有了"黄金一代",但"黄金一代"却没能在他们最好的年纪打出好成绩。

——引语

葡萄牙队

◆ "黄金一代"初亮相

20世纪90年代,虽然葡萄牙队在世界杯预选赛和欧洲杯预选赛上接连失利,但葡萄牙队球迷有着其他的快乐。

这份快乐,来自葡萄牙青年队的年轻球员。

1989年和1991年,葡萄牙青年队分别夺得欧洲青年锦标赛和世界青年锦标赛的冠军。球队中的球员很快就进入葡萄牙队,其中就包括路易斯·菲戈、鲁伊·科斯塔、若昂·平托和费尔南多·科托等人。而时任葡萄牙青年队主教练就是卡洛斯·奎罗斯。

葡萄牙足协的计划很好,其希望在成年国家队层面重现青年队,于是便将奎罗斯聘为葡萄牙队主帅,而年轻球员的大量入选,也能让奎罗斯的执教变得更加容易。

然而,足球从来不是一项简单的运动项目。

1994年世界杯预选赛,葡萄牙队与意大利队、瑞士队、苏格兰队、马耳他队和爱沙尼亚队分到同一个小组。各方面都很年轻的葡萄牙队在比赛中展现了自己朝气蓬勃的一面,比如以5球大胜苏格兰队、4球大胜马耳他队;但同时也不可避免地暴露了自己经验不足的一面，包括输给意大利队、未能战胜瑞士队，都是这一点的体现。

不过，奎罗斯执教的这支葡萄牙队在极其年轻的情况下，还是打得相当出色。但最终葡萄牙队排名小组第三，无缘1994年世界杯正赛。

在这次预选赛期间，奎罗斯和葡萄牙足协也产生了一些摩擦，所以他在离任前说出了一句相当惊人的话：

"葡萄牙足协内部存在的垃圾，必须立刻、永远被扫除出去。"

虽然葡萄牙队没有成功晋级1994年世界杯正赛，葡萄牙足协内部的问题也被直接揭露出来，但这支球队的未来依然相当光明。因为这一批球员在经过大赛的历练后，已经变得愈发成熟和强大。

其中的佼佼者就是路易斯·菲戈和鲁伊·科斯塔。

1972年，鲁伊·科斯塔和路易斯·菲戈相继出生。

两人的职业生涯都很辉煌。鲁伊·科斯塔在5岁那年前往本菲卡队试训，仅用了10分钟的时间，他就打动了在场边观赛的尤西比奥。鲁伊·科斯塔在本菲卡队赢得冠军之后前往意甲，在某些赛季中甚至击败了尤文图斯队的齐内丁·齐达内等优秀的球员，当选为意甲最佳的10号球员。

路易斯·菲戈就更不用多说了，他小时候便是葡萄牙知名的小

葡萄牙队

球星，日后更是效力于西班牙的巴萨队和皇马队两大豪门球队，不过这也导致其被巴萨队球迷视为"叛徒"。之后菲戈也前往意甲赛场，效力于国际米兰队（简称"国米队"），并在那里结束了自己的职业生涯。

◆ 重新登上舞台

有这样两位领军人物，包括一众优秀的同期队友，葡萄牙队尽管困难重重，但至少进军国际大赛不再是一项无法完成的任务。

1996年欧洲杯，在新任教练安东尼奥·奥利维拉的带领下，葡萄牙队终于获得了参赛资格。预选赛阶段，葡萄牙队与爱尔兰队、北爱尔兰队、奥地利队、拉脱维亚队和列支敦士登队分在同一个小组。该赢下的比赛，比如两战列支敦士登队和拉脱维亚队，葡萄牙队都取得了胜利；两次对阵奥地利队，葡萄牙队也都保证了不败。总共10场比赛，葡萄牙队取得了7场的胜利和2场的平局，只输给了爱尔兰队1场。

如此稳定且优秀的成绩，让葡萄牙队球迷自己都很难相信。葡萄牙队最终获得小组第一，毫无压力地进入了1996年欧洲杯正赛。

第四章 绚烂的"黄金一代"

葡萄牙队如此好的状态，也延续到了欧洲杯正赛。

小组赛，葡萄牙队与克罗地亚队、丹麦队和土耳其队分在一组。葡萄牙队第一场比赛1∶1战平丹麦队，第二场比赛则以1∶0小胜土耳其队。第三场比赛对阵此前两战全胜的克罗地亚队，菲戈在第4分钟就首开纪录，平托和多明戈斯·帕西恩西亚在此后各进一球，帮助葡萄牙队完胜克罗地亚队，同时获得小组第一，杀进八强。

1/4决赛，葡萄牙队对阵捷克队，后者当然不是一个好对付的对手，但葡萄牙队并非毫无胜算。不过在比赛中葡萄牙队门将维托尔·拜亚出现失误，他在比赛第53分钟时由于站位过于靠前，被捷克队球员卡雷尔·波博斯基打出一记精彩的吊射，从而导致葡萄牙队以0∶1的比分输给了对手，结束了自己的欧洲杯之旅。

葡萄牙队虽然没能走得更远，但在这一届欧洲杯中的突出表现让葡萄牙队球迷重新看到了希望。球队中的年轻人充满了活力的同时，能力也并不逊色于欧洲赛场的其他对手。

1996年欧洲杯，标志着葡萄牙队"黄金一代"开始登场。

按照常理来说，1998年世界杯是葡萄牙队"黄金一代"发光发热的最好机会，因为对于大部分出生于1970年前后的球员来说，26—29岁正是他们最好的时光。

葡萄牙队

然而在预选赛阶段，葡萄牙队再次出现了问题。

问题倒不是球队的表现。在与德国队、乌克兰队、亚美尼亚队、北爱尔兰队、阿尔巴尼亚队被分到一起的这个小组当中，葡萄牙队的实力还是比较突出的。不过葡萄牙队第一场0∶0战平亚美尼亚队，第二场1∶2不敌乌克兰队，确实是表现不佳。

但是从第三场比赛开始，葡萄牙队进入正常节奏，相继战胜了阿尔巴尼亚队、乌克兰队和亚美尼亚队，另外在主场0∶0逼平强大的德国队，也是一个不错的表现。不过在客场挑战德国队的比赛当中，一个意外打破了葡萄牙队的世界杯之梦。

1997年9月6日，在坐满了观众的柏林奥林匹克体育场，葡萄牙队在比赛第71分钟凭借佩德罗·巴尔博萨的进球打破了僵局，1∶0领先德国队。

只要保持这个比分到比赛结束，葡萄牙队就可以占有小组出线的主动权。然而在比赛第76分钟，葡萄牙队做出换人调整，有一张黄牌在身的鲁伊·科斯塔被换下场，在走下场的路上，主裁判马克·巴塔认定鲁伊·科斯塔故意拖延时间，向其出示了第二张黄牌，将他罚出场外。这是鲁伊·科斯塔在整个职业生涯中第一张也是唯一的红牌。

于是在比赛剩余的时间里，葡萄牙队被迫以10人应战。在比赛

第四章 绚烂的"黄金一代"

第81分钟,德国队扳平比分,乌尔夫·基尔斯滕的进球让德国队在主场获得了一场平局。

这场比赛和比赛中发生的事件被认为是葡萄牙足球历史上最黑暗的事件之一,国际足联也在赛后被指责,外界认为其故意偏袒1996年欧洲杯的冠军得主——德国队。

这场充满了争议的平局,最终导致了葡萄牙队以19分的成绩排名小组第三,仅落后获得第一名直接出线的德国队3分,与以第二名身份获得参加附加赛资格的乌克兰队差1分。

要知道,从1994年美国世界杯开始,国际足联就将比赛胜利取得的积分由两分制改成了三分制。也就是说,如果葡萄牙队在客场战胜了德国队,那么这两支球队就将同积21分,葡萄牙队就完全有机会参加1998年世界杯了。

所以,对于葡萄牙队来说,未能参加1998年世界杯是一次相当沉重的打击,这意味着下一次冲击国际大赛时,大多数球员就要接近30岁了。作为被一代葡萄牙队球迷寄予厚望的这一批球员,如果国家队生涯只有一次欧洲杯八强的经历,那就太过遗憾了。

所以,2000年欧洲杯成为大家共同努力的一个目标。

这一届欧洲杯预选赛,葡萄牙队与罗马尼亚队、斯洛伐克队、匈牙利队、阿塞拜疆队和列支敦士登队被分在同一组。

葡萄牙队

　　葡萄牙队上下一心，表现相当不错。在整个预选赛，葡萄牙队只有第二场比赛输给了罗马尼亚队，剩余的9场比赛取得了7胜2平的好成绩。不过输给罗马尼亚队的这场比赛还是让其付出了代价。

　　最终，葡萄牙队以一分之差排在罗马尼亚队之后，位列小组第二，但在所有小组第二名球队当中，葡萄牙队的成绩最好，所以葡萄牙队以成绩最好的小组第二名的身份晋级2000年欧洲杯正赛。

　　2000年欧洲杯小组赛，葡萄牙队又跟罗马尼亚队分在同一个小组，同组的还有德国队和英格兰队。很显然，这是一个标准的"死亡之组"。

　　第一场比赛对阵英格兰队，葡萄牙队就奉献了一场精彩的表演。"五盾军团"的比赛开局相当糟糕，第3分钟保罗·斯科尔斯头球破门，第18分钟史蒂夫·麦克马纳曼再进一球，英格兰队获得一个梦幻般的开局，然而葡萄牙队并没有坐以待毙。

　　就在英格兰队打进第二球的4分钟后，路易斯·菲戈的远射破门吹响葡萄牙队反攻的号角。上半场第37分钟，平托接到鲁伊·科斯塔的传球，以头球扳平比分。比赛第59分钟，葡萄牙队依靠努诺·戈麦斯的进球实现了大逆转，将比分改写为3∶2，让在埃因霍温的飞利浦大球场支持葡萄牙队的球迷欣喜若狂。

　　第二场比赛对阵预选赛阶段的死对头罗马尼亚队，这一次葡萄

第四章 绚烂的"黄金一代"

牙队稳扎稳打,没有给罗马尼亚队进球的机会。在下半场伤停补时阶段,葡萄牙队球员科斯蒂尼亚打进绝杀球,帮助葡萄牙队在最后时刻取得胜利,也让葡萄牙队在这个"死亡之组"取得了两连胜的战绩。

小组出线,就在眼前。

最后一场比赛对阵德国队,葡萄牙队迎来了报1998年世界杯预选赛"一箭之仇"的机会。

此前两战皆胜,让葡萄牙队在这场比赛中做出了一些人员调整,主教练温贝托·科埃略决定给一些替补球员出场的机会。这在理论上可能会导致球队的实力下降,但葡萄牙队还是凭借塞尔吉奥·孔塞桑的帽子戏法,以3∶0的比分轻松取得了比赛的胜利。

从这样一个"死亡之组"中小组出线,而且取得了三连胜,葡萄牙队的球员开始相信自己有能力在这一届欧洲杯干出一点大事,这样的自信心让他们的表现也变得越来越好。

1/4决赛对阵土耳其队,葡萄牙队球员努诺·戈麦斯在上、下半场各进一球,门将维托尔·拜亚也扑出了土耳其队的一个点球,葡萄牙队从比赛开始到结束都展现了极佳的状态。

半决赛,葡萄牙队遇到了法国队,在1984年欧洲杯的半决赛,葡萄牙队被法国队淘汰出局。这一次,葡萄牙队势必希望取得不一

葡萄牙队

样的战果。

开场之后，葡萄牙队来势汹汹。比赛第19分钟，努诺·戈麦斯在禁区外的一记精彩射门，帮助葡萄牙队首开纪录。而在比赛第51分钟，法国队前锋蒂埃里·亨利扳平了比分。

此后的比赛，两支球队均无建树，和1984年一样，双方需要通过加时赛来决出胜负。加时赛上半场临近结束时，亨利的射门打在了葡萄牙队球员阿贝尔·泽维尔的手上，一开始，主裁判判罚了角球，但在和助理裁判交换看法之后，他判给了法国队一个点球。

齐达内主罚点球，击败了葡萄牙队门将维托尔·拜亚，根据加时赛的金球制规则（先进球的一方直接获得胜利，比赛结束），法国队以2：1直接取胜。比赛结束之后，几名葡萄牙队球员失去了理智，他们围住裁判提出质疑，菲戈在赛后接受采访时也表达了自己对裁判的不满，感叹裁判的判罚总是损害像葡萄牙这种小国的利益。

最终，泽维尔、努诺·戈麦斯和保罗·本托这几名葡萄牙队球员因涉嫌攻击裁判而被停赛数月，菲戈的话也引发了很大的争议。由此也可以看出，葡萄牙队对这届欧洲杯本来抱有很大的期望，失败之后的失望也令球员很痛心。

2000年欧洲杯之旅结束后，葡萄牙队告别了一些老将，但在

第四章 绚烂的"黄金一代"

2002年世界杯预选赛期间,球队的表现并没有受到影响。

预选赛阶段,葡萄牙队与爱尔兰队、荷兰队、爱沙尼亚队、塞浦路斯队和安道尔队分在同一小组。总计10场比赛,葡萄牙队取得了7胜3平的不败战绩,以小组第一的身份直接晋级2002年世界杯正赛。

不过在世界杯临近开赛时,葡萄牙队的状态却开始出现下滑。

首先就是作为主将的菲戈,他随皇马队经历了一个疲惫的赛季,身体状况并不在最佳状态。其次,葡萄牙队在澳门的备战训练出现了一些纪律问题,包括球员有过几次夜不归宿的情况。另外,球员疯狂购物的行为也遭到了葡萄牙媒体的猛烈批评,这使得全队的气氛降到了冰点。

实际上,澳门的天气过于炎热,并不利于葡萄牙队的备战,球队将训练营设置在这里是一个巨大的错误,这直接影响了球队在世界杯上的表现。

小组赛第一场,葡萄牙队与美国队交锋,2∶3的落败让球队的表现饱受非议。尽管如此,葡萄牙队在第二场比赛中的表现呈现出"复苏"的态势,4∶0击败波兰队的表现和结果,为其关键的第三场比赛提供了一些动力。在美国队输给波兰队后,葡萄牙队只要打平就可以晋级16强。

葡萄牙队

然而第三场对阵东道主之一的韩国队，葡萄牙队完全没有预料到比赛的难度。在比赛中，韩国队的几次犯规被裁判无视，葡萄牙队球员的心态因此受到干扰，若昂·平托和贝托先后因为犯规而被裁判罚出场外，葡萄牙队最终只能以9人应战。

在这种极为被动的情况下，葡萄牙队在第70分钟丢球，韩国队球员朴智星破门，葡萄牙队以0∶1的比分输掉了这场比赛，自然也无法晋级到16强。

◆ 最成功的失败

这一次兵败世界杯，葡萄牙队"黄金一代"的世界杯梦想就此破灭。毕竟到了2006年世界杯，1972年出生的菲戈和鲁伊·科斯塔，届时都会成为34岁的高龄球员。

在运动科学和医疗水平没有那么发达的当时，34岁已经是可以退役的年龄了。

所以，对于葡萄牙队球迷来说，他们的"黄金一代"的故事其实是一个美梦破碎的故事。在这些球员20岁夺得世青赛冠军的时候，葡萄牙队球迷顺其自然地将他们视为了未来带领葡萄牙队夺得

第四章 绚烂的"黄金一代"

大赛冠军,甚至是世界杯冠军的希望。

然而,葡萄牙队冲击1994年世界杯失败,在1998年世界杯因争议出局,2002年世界杯好不容易进入正赛,但却因为各种各样的原因而没能打出自己的真实水平。

就在这样的遗憾和愤怒之中,"黄金一代"都老了。

2004年欧洲杯,葡萄牙成为东道主。

为了在这届本土举办的大赛上取得好成绩,葡萄牙足协煞费苦心。在2002年11月,请到了几个月前刚刚率领巴西队夺得2002年世界杯冠军的教练——路易斯·费利佩·斯科拉里。

可以说,为了取得优异的成绩,葡萄牙足协给了斯科拉里前所未有过的权力。于是在葡萄牙队备战2004年欧洲杯的几场友谊赛打得并不出色之后,斯科拉里对球员进行了大幅度的调整。

他在大名单里增添了几位年轻人,包括在若泽·穆里尼奥执教的波尔图队的一些年轻球员,比如里卡多·卡瓦略、马尼切、德科、努诺·瓦伦特等人。

除此之外,就是加盟曼彻斯特联队不久的C罗。

作为东道主,葡萄牙队在小组赛阶段给自己抽了一个不算差的签。

小组内的对手,有希腊队、西班牙队和俄罗斯队。其中最大

葡萄牙队

的对手当然是伊比利亚半岛上的邻居——西班牙队,其次是俄罗斯队,希腊队则不值一提。

然而小组赛第一场,作为东道主的葡萄牙队迎战希腊队,就在主场吃到了一场"开门黑"。比赛第7分钟,希腊队球员乔治斯·卡拉贡尼斯就先进一球,此后的葡萄牙队疯狂反攻,但毫无成效。下半场开局不久,葡萄牙队再遭打击,凭借安杰洛斯·巴西纳斯的进球,希腊队将比分改写为2:0。

下半场伤停补时阶段,C罗打进了他在国家队的处子球,让葡萄牙队在主场不至于被零封,最后以1:2的比分输掉了比赛。

东道主球队在主场输掉揭幕战,顶着世界杯冠军教头光环的斯科拉里立刻感受到了外界所给予他的压力。于是在第二场比赛,他在首发名单上做出了多处调整。

这一调整带来了立竿见影的效果。在里斯本的光明球场,这支焕然一新的葡萄牙队从比赛一开始就占据了主动地位。比赛第7分钟马尼切首开纪录,第89分钟鲁伊·科斯塔接替补登场的C罗的传球,打进了比赛的第二球,从而宣判了俄罗斯队在这场比赛的结果。

1胜1负,葡萄牙队想从小组出线,至少需要战平老对手西班牙队,但在历史恩怨的压力之下,斯科拉里带领的球队实际上只能追

第四章 绚烂的"黄金一代"

求胜利这一个结果。

对阵西班牙队的比赛在里斯本竞技体育场举行,凭借努诺·戈麦斯的进球,葡萄牙队以1∶0的比分取胜,从而以小组第一名的成绩晋级1/4决赛。

这一成绩冲淡了外界对于斯科拉里的批评声音,然而想要赢得葡萄牙队球迷的掌声,斯科拉里只能率队夺得冠军,所以小组赛出线只是万里长征的第一步而已。

然而葡萄牙队没有注意到的是,同组的希腊队也力压西班牙队和俄罗斯队,以小组第二名的身份晋级了淘汰赛。

淘汰赛阶段,葡萄牙队首先遭遇了英格兰队,那时的英格兰队同样出色,队内拥有大卫·贝克汉姆、迈克尔·詹姆斯·欧文等知名球星,所以这场1/4决赛吸引了绝大部分球迷的关注。

比赛的过程没有让这些球迷失望。开场之后,英格兰队仅用3分钟就依靠欧文首开纪录。此后葡萄牙队开始反攻,埃尔德·波斯蒂加在第83分钟强势扳平比分。

常规时间的最后几分钟,欧文的射门一度击中葡萄牙队的球门横梁,索尔·坎贝尔后续的攻门虽然收获了进球,但被裁判判罚冲撞守门员在先,进球无效。于是,两支球队进入加时赛。

短短的30分钟加时赛,比赛进程依然跌宕起伏,这次率先进球

葡萄牙队

的是葡萄牙队。

比赛第110分钟,老将鲁伊·科斯塔打进一球,让葡萄牙队看到了晋级半决赛的希望。然而仅仅过了5分钟,英格兰队中场弗兰克·兰帕德的进球就让葡萄牙队球迷失望不已,比赛也因此被拖入点球大战。

点球大战,剧情还是一样的精彩。英格兰队在第一轮就罚丢了点球,队长贝克汉姆成为"倒霉蛋"。然而在第三轮,鲁伊·科斯塔的点球同样罚丢,两队又回到了同一起跑线。

五轮罚尽,两队的比分为4:4,进入了谁先罚丢谁就输球的绝境当中。点球大战第七轮,葡萄牙队门将里卡多摘下手套,先是扑出了英格兰队球员达里乌斯·瓦塞尔的点球,随后走上点球点,击败了自己的英格兰队同行,成为葡萄牙队的制胜功臣。

里卡多在赛后接受采访,当被问到为什么要摘下手套时,他说:"在球门中路被打进了三个点球后,我觉得我必须做点什么。那一刻我想到了摘下手套,我这样做是为了激励自己并阻止瓦塞尔。"

在赢下了如此艰难的一场比赛过后,葡萄牙队开始觉得自己有希望书写新历史。

带着这样的自信,葡萄牙队在半决赛面对荷兰队时毫无惧色。

第四章 绚烂的"黄金一代"

比赛第26分钟，C罗为葡萄牙队首开纪录。而在第58分钟，马尼切接到C罗开出的角球，在大禁区角上直接起脚，打出了一脚惊世骇俗的射门，球以诡异的弧线洞穿荷兰队门将埃德温·范德萨把守的球门，葡萄牙队将比分优势扩大到了2∶0。

尽管葡萄牙队球员豪尔赫·安德拉德在第62分钟送上乌龙大礼，荷兰队也没有了心气和斗志。主裁判的终场哨声让里斯本竞技体育场的葡萄牙队球迷沸腾起来，葡萄牙队首次闯入国际大赛的决赛。

2004年欧洲杯决赛，在里斯本的光明球场举行，葡萄牙队面对的正是在揭幕战中的对手希腊队。

小组赛出线之后，希腊队用两个1∶0的比分先后击败了法国队和捷克队。葡萄牙队再次面对希腊队，斯科拉里这一次不能再轻敌了。

然而和揭幕战一样，葡萄牙队依然很难在希腊队面前找到有效的进攻办法。占据了一切优势的葡萄牙队却在比赛第57分钟出现了失误，希腊队前锋安耶洛斯·查里斯泰亚斯顶进了一个让葡萄牙队后悔不已的头球。

0∶0的时候，葡萄牙队都无法进球国；1∶0领先后，希腊队更是在自己的球门前立起了一道铜墙铁壁。面对葡萄牙队的狂轰滥

葡萄牙队

炸,希腊队顽强地坚持到了裁判吹响比赛终场哨的时候。

光明球场,在那一刻变得无比黑暗。

葡萄牙人或许在感慨,命运就是如此爱捉弄他们。

葡萄牙队幸运地拥有了"黄金一代",但"黄金一代"却没能在他们最好的年纪打出好成绩。等到"黄金一代"纷纷老去,球迷才在欧洲杯上看到希望,葡萄牙队一路过关斩将,打败了无数的强敌,好不容易在决赛遇到了一个名不见经传的对手,却让对手上演了足球历史上的经典故事——"希腊神话"。

在巴西体育电视频道SportTV的比赛解说中,主持人将这场失利称为"葡萄牙队的马拉卡纳惨案"。

"马拉卡纳惨案"指的是1950年巴西世界杯,东道主巴西队在马拉卡纳体育场迎战乌拉圭队,巴西队在打平即夺冠的情况下却以1∶2的比分负于对手,错失了在主场赢得世界杯冠军的机会。这被认为是巴西足球历史上最大的挫折和尴尬之一。

巴西队在"马拉卡纳惨案"之外,还曾夺得五个世界杯冠军奖杯,但葡萄牙队除了这一次失败,什么都没有。

第四章 绚烂的"黄金一代"

◆ 当"黄金一代"老去

这场令人心碎的决赛结束之后,鲁伊·科斯塔和另一位"黄金一代"成员费尔南多·科托,宣布结束他们的国家队生涯。菲戈也发表声明,表示自己作为葡萄牙队球员,到了一个需要停顿一下的时刻。

不过他在声明中也表示,这并不意味着他将永远停止为国效力,因为他不会拒绝为国家服务,这为菲戈在一年后重回葡萄牙队埋下了伏笔。

这一场失利,对葡萄牙队的创伤程度不言而喻。不过带队闯入欧洲杯决赛,斯科拉里的执教能力还是得到了肯定,他得以继续履行合同,直至2006年世界杯。

带着失败带来的创伤和动力,葡萄牙队开始了自己的全新征程。

2006年世界杯预选赛,葡萄牙队的表现相当稳定。在同组对手为斯洛伐克队、俄罗斯队、爱沙尼亚队、拉脱维亚队、列支敦士登队和卢森堡队的情况下,葡萄牙队的实力就比较突出了。

葡萄牙队

12场比赛，葡萄牙队取得了9胜3平的不败战绩，非常轻松地晋级到了2006年世界杯正赛，而这样的好状态也延续了下来。

2006年世界杯小组赛，葡萄牙队与墨西哥队、安哥拉队和伊朗队分在了一组。三场比赛，葡萄牙相继以1∶0、2∶0和2∶1的比分战胜了对手，从而以三场全胜的成绩获得小组第一，轻松地晋级16强。

1/8决赛，葡萄牙队和荷兰队狭路相逢。

虽然在两年前的欧洲杯半决赛上两支球队就已经交过手，被淘汰的荷兰队谈不上对葡萄牙队有所记恨，但这场比赛变得相当暴力。

比赛结果没有什么奇怪的地方，葡萄牙队凭借马尼切在第23分钟的进球，以1∶0的比分战胜了荷兰队，但比赛过程很是诡异。开场第3分钟，荷兰队球员马克·范博梅尔就被黄牌警告。4分钟后，荷兰队后卫卡里迪·博拉鲁兹因为犯规也被黄牌警告，这次犯规也直接导致C罗受伤离场。走下球场的C罗泪流满面，并且在赛后直言："博拉鲁兹的铲球显然是故意犯规，目的是让我受伤。"

马尼切进球之前也被判罚了黄牌。

上半场临近尾声，葡萄牙队球员科斯蒂尼亚与荷兰队球员发生冲突，被黄牌警告。随后他又因手球领到第二张黄牌，成为这场比赛第一个在半场结束前被罚下场的球员。

第四章 绚烂的"黄金一代"

下半场比赛,主裁判瓦伦丁·伊万诺夫依然是唯一的主角。

葡萄牙队球员阿尔曼多·佩蒂特在第51分钟被黄牌警告后,乔瓦尼·范布隆克霍斯特和菲戈则在随后双双领到黄牌。第64分钟,博拉鲁兹因对菲戈犯规从而两黄变一红被罚下。第73分钟,葡萄牙队球员德科对荷兰队球员粗暴犯规,被黄牌警告;在葡萄牙队为了让对方球员接受队医治疗而主动把球踢出界外之后,荷兰队并没有把球权还给葡萄牙队,这引发了后续的争吵。在争吵中,荷兰队球员韦斯利·斯内德将葡萄牙队球员佩蒂特推倒在地,也受到了黄牌警告;拉斐尔·范德法特则因为抗议裁判而领到一张黄牌。

此后,葡萄牙队门将里卡多因为浪费时间被判罚黄牌,左后卫努诺·瓦伦特因为犯规也被出示黄牌。德科在第78分钟因为故意拖延时间被判罚第二张黄牌,被罚下场。伤停补时阶段,范布隆克霍斯特因为犯规,也被判罚第二张黄牌,被罚下场。

赛后的统计数据显示,主裁判伊万诺夫一共出示了4张红牌和16张黄牌,这场红牌、黄牌满天飞的比赛也被球迷戏称为"纽伦堡战役"。

实际上,葡萄牙队本身在这场比赛中没有太大的消耗,毕竟这已经是其第二次在大赛中击败荷兰队了。但这样一场比赛过后,葡萄牙队在对阵1/4决赛的对手英格兰队时,受到了关键球员受伤或被

葡萄牙队

停赛的影响。

于是在葡萄牙队对阵英格兰队的大名单里，德科和科斯蒂尼亚都因红牌停赛被迫缺席，受伤的C罗则火线复出，出现在了首发名单里。

英格兰队在这场比赛前看到了为两年前在里斯本那场令人难忘的比赛"复仇"的机会，然而在比赛中，"三狮军团"没有找到攻破葡萄牙队球门的办法。葡萄牙队则因主力球员缺席而实力受损，双方在120分钟内都没有分出胜负。

不过在C罗和其他葡萄牙队球员的施压之下，裁判将踩到卡瓦略的英格兰队前锋韦恩·鲁尼罚出场外。这在一定程度上影响了英格兰队在后续比赛的发挥，葡萄牙队从而将英格兰队拖入到其并不擅长的点球大战当中。

这一次，葡萄牙队门将里卡多再次成为球队的英雄。在队友佩蒂特和乌戈·维亚纳都罚丢点球的情况下，里卡多仿佛天神下凡，生生扑出了3个点球，将英格兰队挡在了四强之外。

葡萄牙队球迷希望自己的球队再次闯入大赛决赛的梦想越来越真实，而斯科拉里距离自己实现世界杯两连冠的壮举也越来越近。

于是在葡萄牙队击败英格兰队之后，葡萄牙足协宣布与斯科拉里续约到2008年欧洲杯。葡萄牙足协希望以此来激励葡萄牙队，从而击败齐达内领衔的法国队,可惜的是这一计划并未奏效。

半决赛,葡萄牙队与法国队踢得相当胶着,但最终的结果并未让人感到意外。葡萄牙队还是输给了法国队、输给了齐达内:比赛第33分钟,齐达内罚进了亨利制造的点球,0:1的比分维持到了比赛结束。

没能冲进2006年世界杯决赛,葡萄牙队失望不已。

和两年前的欧洲杯一样,葡萄牙队距离书写全新的历史仅一步之遥,但最终还是功亏一篑。欧洲杯亚军、世界杯四强,都是不错的成绩,但也是没有人会记得的成绩。

季军赛,已经没有太多斗志的葡萄牙队1:3不敌德国队。替补登场的菲戈在第88分钟助攻努诺·戈麦斯,为葡萄牙队打入挽回颜面的一球,而这场比赛也是菲戈在葡萄牙队的最后一场比赛。

作为葡萄牙队"黄金一代"的领军人物,菲戈站好了自己的最后一班岗。

尽管葡萄牙队"黄金一代"没有获得任何奖杯,菲戈还是帮助球队取得了自1966年尤西比奥时代以来葡萄牙队在世界杯上最好的成绩,欧洲杯亚军也是葡萄牙队截至当时的最佳战绩。

菲戈代表葡萄牙队出场127次,打入32球,他在当时堪称是葡萄牙队历史上仅次于尤西比奥的存在。但葡萄牙队圆梦的故事,还远

葡萄牙队

未结束。谁会成为菲戈的继任者,或者说谁会成为葡萄牙队的新任"船长"?

接过衣钵的当然是C罗,那个在2004年欧洲杯决赛输球之后痛哭的19岁小将。

也许属于葡萄牙队的故事,现在才刚刚开始。

第五章

当王者降临(上)

从某种角度来说,C罗可能在这个时候意识到了菲戈在带队时候的不容易。2004年欧洲杯的亚军,2006年世界杯的第四名,并不是那么容易获得的。

——引语

葡萄牙队

◆ 又一位天才

1985年，当葡萄牙队球迷还在回味1984年欧洲杯四强的成绩，怀揣着对1986年世界杯的美好愿景时，一位注定要改写葡萄牙足球历史的孩子在马德拉群岛丰沙尔出生，他就是C罗。

马德拉群岛虽然隶属于葡萄牙，但实际上距离葡萄牙本土相当遥远，它位于里斯本西南方向大约1000千米，反倒是距离非洲大陆上的摩洛哥的海岸线只有640千米。

1418年，葡萄牙航海家若昂·贡萨尔维斯·扎尔科和特里斯坦·特谢拉发现了马德拉群岛，这被视为大航海时代的第一个重大成果。然而在历史上，古罗马人和迦太基人都已经发现了马德拉群岛，14世纪，一些不知名的意大利航海家也发现了这里，但都没有公之于众。所以与其说是葡萄牙人发现了马德拉群岛，不如说是他们又一次发现了这里。

登岛之后，葡萄牙人发现这里到处都是森林，于是就将这里命名为"马德拉"，在葡萄牙语中，"马德拉"（Madeira）一词直译过来就是木头的意思。

第五章　当王者降临（上）

由于地理位置偏远，且是葡萄牙人后期开拓的领土，再加上口音、文化和生活习惯等原因，马德拉群岛上的葡萄牙人一直都被葡萄牙本土的人所歧视。

C罗也是在这样的环境下成长起来的。

8岁那年，C罗加入了马德拉本地的安多里尼亚足球俱乐部的青年队，这是一家业余俱乐部，C罗的父亲在这个俱乐部担任装备管理员。没过多久，天赋出众的C罗就被注意到，加入了马德拉本地的职业球队——国民竞技队。C罗在其青年队效力两年后，以1500英镑的转会费加盟了葡萄牙体育队。

一段佳话，就此开始。

在葡萄牙体育俱乐部，C罗以不可思议的速度向上晋升。在他16岁那一年，C罗因为自己出色的盘带能力得到了俱乐部一线队主教练拉斯洛·博洛尼的肯定，拉斯洛·博洛尼将他从葡萄牙体育青年队提拔上来。C罗成为第一位在一个赛季内为俱乐部16岁以下、17岁以下和18岁以下青年队、俱乐部B队和俱乐部一线队效力的球员。

2002年8月14日，当时只有17岁的C罗上演了职业生涯首秀。葡萄牙体育队在欧冠资格赛中对阵国际米兰队，C罗在比赛第58分钟替补登场。

葡萄牙队

2003年8月20日，18岁的C罗在葡萄牙队1：0战胜哈萨克斯坦队的比赛中首次代表葡萄牙成年队出场。他在比赛中换下的正是葡萄牙队的领军人物——路易斯·菲戈。

此后三年，C罗与菲戈并肩作战，共同参加了2004年欧洲杯和2006年世界杯，帮助葡萄牙队在欧洲杯和世界杯都取得了不错的成绩。

C罗在葡萄牙队的起点要比菲戈高得多，也正因为如此，外界对于C罗的期待也更高。

2006年世界杯结束后，菲戈正式退出葡萄牙队，C罗在此后穿上了菲戈留下的葡萄牙队7号球衣。2007年2月6日，C罗22岁生日后的第二天，他戴上了菲戈留下的队长袖标。

这一具有传承意味的交接，正式拉开了葡萄牙队此后阶段的大幕。第一场大戏就是2008年欧洲杯，这将是C罗第一次独自带领葡萄牙队征战国际大赛，他肩上的责任无比沉重。

在预选赛阶段，葡萄牙队与波兰队、塞尔维亚队、芬兰队、比利时队、哈萨克斯坦队、亚美尼亚队和阿塞拜疆队分在同一个小组。

如此庞大的一个小组，赛程变得相当漫长。从2006年9月6日第一场客场对阵芬兰队开始，直至2007年11月21日主场对阵芬兰队结束,葡萄牙队在14场比赛当中,取得了7胜6平1负的战绩。输球场次极少,只在客场1∶2输给了波兰队,这是一件好事,但赢球场次却不够多,包括与芬兰队、塞尔维亚队、亚美尼亚队、波兰队战平,这都是球队不够出色的表现。

不过在预选赛阶段,C罗的表现很不错,他一共打进8球,仅次于打入9球的波兰队球员埃比·斯莫拉雷克。

最终葡萄牙队获得小组第二名,顺利晋级2008年欧洲杯正赛。

预选赛的表现,让葡萄牙队球迷想到了球队在正赛中的表现可能也好不到哪里去,但他们无比期待C罗的表现。因为在同一时期,C罗在俱乐部的表现非常出色,他在2007—2008赛季,收获了欧冠冠军、英超冠军,还在这两项赛事中都斩获金靴奖。

所以在2008年欧洲杯,葡萄牙队球迷希望23岁的C罗能为他们带来些许的希望。

◆ 被寄予厚望的开始

2008年欧洲杯开幕之后,葡萄牙队在小组赛中的表现尚可。

第一场比赛,葡萄牙队2∶0战胜土耳其队,顺利收获开门红。

葡萄牙队

第二场比赛则以3∶1的比分战胜捷克队，德科在比赛开始仅8分钟就首开纪录，C罗则在第63分钟打开了自己在这届欧洲杯上的进球账户，另一位葡萄牙队的天才球员——里卡多·夸雷斯马，在下半场伤停补时阶段打进了葡萄牙队的第3球。

小组赛第三场，已经两连胜的葡萄牙队稍有松懈，在比赛最后时刻连丢两球，最终以0∶2的比分不敌瑞士队。不过这场比赛的失利没有影响葡萄牙队的出线形势，球队还是以小组第一的身份晋级到了8强。

小组赛结束后，主教练斯科拉里向全队宣布，他已经与英超的切尔西队签下合约，所以这将是他执教葡萄牙队的最后一届大赛。

或许斯科拉里想用这样的方式振奋全队的士气，从而让这支球队在本届欧洲杯创造更好的成绩，然而提前宣布离队并未带来他想象中的效果。

1/4决赛，葡萄牙队遭遇德国队。开场不到半小时，葡萄牙队就陷入0∶2落后的困境，德国队球员巴斯蒂安·施魏因斯泰格和米洛斯拉夫·克洛泽的进球，让德国队几乎锁定了四强名额。尽管在比赛第40分钟，努诺·戈麦斯一度帮助葡萄牙队扳回一分，但下半场德国队再进一球，米夏埃尔·巴拉克将德国队的比分优势再次扩大到两球。

在这种困难的局面下，葡萄牙队在常规比赛时间的最后几分钟，由波斯蒂加攻入了只有安慰意义的一球，最终葡萄牙队在2008年欧洲杯1/4决赛中被淘汰。

正如赛前所想的，葡萄牙队球迷并没有对球队在这届欧洲杯上的表现抱有多大的期待。

菲戈离队，接任队长的C罗只有23岁，这注定是一届只能用来吸取教训和积攒经验的欧洲杯，但让球迷略微失望的是，C罗在这届欧洲杯的表现并不是特别出色。

C罗只在小组赛中打入一球，完全没有了在预选赛时进球如麻的状态。这让C罗在葡萄牙国内遭到了批评，坊间出现了一些他不如菲戈的批评声。

但这样的比较是没有意义的，因为葡萄牙队在接下来的岁月中，只能依靠C罗。

2008年欧洲杯结束之后，世青赛冠军教头奎罗斯重回葡萄牙队，时隔10余年他再次拿起了葡萄牙队的教鞭。

上任之后，奎罗斯就表明了自己的态度：2008年7月，奎罗斯任命C罗为葡萄牙队第一队长。

这显然是一个具有特殊意义的举动，在C罗遭到国内媒体和球迷的批评时，奎罗斯展现了自己对C罗的支持态度。奎罗斯自己就

葡萄牙队

是极有态度的人，这一点在他1991年执教葡萄牙队，并且在离任时直言葡萄牙足协内部存在"垃圾"的时候就可见一斑。

所以，重新聘请奎罗斯，对于葡萄牙足协来说是一步标准的险棋。

2010年世界杯预选赛，葡萄牙队的成绩飘忽不定。

葡萄牙队与丹麦队、瑞典队、匈牙利队、阿尔巴尼亚队和马耳他队分到同一个小组。第一场比赛，葡萄牙队4：0大胜马耳他队似乎说明一切正常，但第二场比赛对阵丹麦队，球队就开始出现问题。

这场比赛的大部分时间都在葡萄牙队的掌控之下，凭借纳尼的进球，葡萄牙队在上半场临近结束的时候打破僵局。第84分钟，丹麦队前锋尼古拉斯·本特纳扳平比分，2分钟后，德科罚进点球将比分再次反超。葡萄牙队接下来只需要保住比分即可，然而在随后的7分钟内，葡萄牙队却连丢两球，在主场被丹麦队逆转。

这场比赛之后，葡萄牙队和奎罗斯自然遭到了葡萄牙媒体的口诛笔伐。至少在奎罗斯的眼中，球队需要进行改变了。

于是从这场比赛过后，奎罗斯的战术打法开始变得相当保守。

此后连续三场比赛，葡萄牙队都未能取胜，没有输球当然是一件好事，但赢不了球对于葡萄牙队来说，同样是无法让人满意的。

第五章 当王者降临（上）

直至第六场比赛，葡萄牙队才重新找回胜利的节奏，客场2∶1艰难战胜阿尔巴尼亚队。第七场比赛再遇丹麦队，一场1∶1的平局又让奎罗斯和葡萄牙队被推上风口浪尖。

两回合对阵丹麦队难求一胜，直接导致葡萄牙队在最后三场比赛即便全胜也只能排在小组第二的位置，无缘直接晋级2010年世界杯正赛，只能与其他小组的对手通过附加赛来获得正赛名额。

万幸的是，附加赛阶段葡萄牙队抽到好签，其只需战胜波斯尼亚和黑塞哥维那队（简称"波黑队"）就可以晋级世界杯正赛。两回合的比赛，葡萄牙队用两个1∶0搞定对手。

然而葡萄牙队在预选赛的表现就已经让球迷相当不满意了，更让他们不满意的是，作为队长的C罗居然在预选赛中一球未进。

在他们看来，如果C罗能够拿出他在俱乐部的表现，葡萄牙队就不会如此被动了。

然而，让葡萄牙队球迷不开心的事情还在继续，2010年世界杯的小组赛抽签结果出炉，葡萄牙队与巴西队、科特迪瓦队和朝鲜队分在了一组。

抽签仪式结束之后，葡萄牙队立刻意识到事情不妙：巴西队的实力之强不必多言，科特迪瓦队是当时非洲实力最强的球队，朝鲜队虽然实力有限，但作为"神秘之师"，葡萄牙队很难搜集到这支球

葡萄牙队

队的更多信息。

所以，在这个"死亡之组"中的每一场比赛都不好打，事实也正是如此。小组赛第一场，葡萄牙队与科特迪瓦队互交白卷，比赛以0∶0的结果收场。奎罗斯的战术依然让葡萄牙队难以被击败，但大量球员堆积在中后场，使得葡萄牙队的进攻完全依赖C罗的个人能力，葡萄牙队想要击败对手也变得相当困难。

比赛中，葡萄牙队最好的一次得分机会便来自C罗的远射，可惜球击中了球门的横梁，这也是葡萄牙队进攻端在这届世界杯中的一个缩影。

接下来的比赛，葡萄牙队迎战朝鲜队。

经过开场的试探过后，葡萄牙队在上半场第29分钟打破僵局，自此开始了自己的进球表演。下半场比赛，葡萄牙队打进6球，以7∶0的比分战胜了"神秘"的朝鲜队。C罗也在这场比赛中破门得手，打破了自己在葡萄牙队达16个月的进球荒，不过这一球也是他在本届世界杯的唯一进球。

小组赛第三场，葡萄牙队面对强大的巴西队，奎罗斯的战术让巴西队也没能找到进球的办法，但就和第一场比赛一样，在这个不错的基础上，葡萄牙队也很难打击到对手。于是葡萄牙队再次奉献了一场结果能够被接受，但表现没有亮点的0∶0平局。

第五章 当王者降临（上）

小组出线之后，葡萄牙队与2008年欧洲杯冠军西班牙队狭路相逢。作为当时世界上最优秀的国家队之一，西班牙队在这届世界杯开赛前就被视为夺冠热门之一。所以，外界更加担心葡萄牙队的世界杯之旅将就此结束。

基于这样的赛前形势，奎罗斯自然再次设计了极为保守谨慎的战术打法，这样的打法只能在不输球后受到好评。在比赛第63分钟，西班牙队前锋大卫·比利亚成为在本届世界杯上第一位攻破葡萄牙队球门的球员。落后的葡萄牙队试图扳平比分，但这个时候才发现自己的进攻套路并不能威胁到对手。

于是90分钟过后，比赛便以西班牙队1∶0小胜葡萄牙队而告终。比赛结束后，当C罗在赛后接受采访被问到葡萄牙队的表现时，他非常简单地予以回应："去问奎罗斯吧。"

◆ "葡萄牙队不是强队"

2010年世界杯结束之后，各方的问责程序开始启动。

葡萄牙足协发布声明，对葡萄牙队主教练奎罗斯处以禁赛一个月并缴纳处罚金1000欧元的处罚。这是因为在世界杯开始之前，

葡萄牙队

国际足联反兴奋剂小组对葡萄牙队球员进行常规兴奋剂测试时，奎罗斯曾对反兴奋剂小组的工作人员出言不逊，以言语骚扰并威胁了他们。

然而在不到两周之后，葡萄牙反兴奋剂机构发表公报宣布，决定对奎罗斯禁赛处罚延长到6个月。

如此长的禁赛期使得奎罗斯错过2012年欧洲杯预选赛的部分比赛，葡萄牙队也在没有主教练带队的情况下先是4∶4战平塞浦路斯队，随后0∶1不敌挪威队。葡萄牙队在2012年欧洲杯预选赛的开局已经变得糟糕起来，于是在2010年9月9日，葡萄牙足协决定解除与奎罗斯的合同，聘请已经转型为教练的葡萄牙队前队员保罗·本托担任球队的新任主帅。

2010年10月8日，保罗·本托完成了自己在葡萄牙队主教练位置上的首秀，葡萄牙队以3∶1的比分战胜丹麦队，给了保罗·本托一个完美的首秀结果。

这仅仅是一个开始。

从此之后，葡萄牙队开始了球队在预选赛中的连胜势头：客场3∶1战胜冰岛队、主场1∶0战胜挪威队、客场4∶0战胜塞浦路斯队、主场5∶3战胜冰岛队。

但在最后一场关键的比赛中，葡萄牙队1∶2不敌丹麦队，没能

第五章 当王者降临（上）

获得小组第一，从而无法直接晋级2012年欧洲杯正赛，还是需要参加附加赛。

在保罗·本托担任主帅后，葡萄牙队队内的气氛相较于奎罗斯时代已经有了明显的好转。在附加赛上，葡萄牙队再次抽到弱旅波黑队，虽然在客场没有取胜，但回到主场，葡萄牙队用一场6∶2的大胜拿到了2012年欧洲杯的参赛资格。

很显然，在保罗·本托担任主帅后，葡萄牙队进入了自己较为舒适的状态，尤其是对于进攻端的球员来说，他们显然更享受保罗·本托的战术。

C罗的表现就是一个很好的例子。2012年欧洲杯预选赛，C罗攻入7球，在数场比赛中都帮助球队取得了胜利。

然而，欧洲杯预选赛和欧洲杯正赛，并不是同样的概念。

2012年欧洲杯，葡萄牙队又被分入"死亡之组"，同组对手是德国队、丹麦队和荷兰队。小组赛第一场，葡萄牙队0∶1不敌德国队，德国队凭借马里奥·戈麦斯在第72分钟的进球占据了小组出线的先机，葡萄牙队则将自己送入绝境。

第二场比赛，葡萄牙队遭遇老对手丹麦队。比赛一度很顺利，佩佩和波斯蒂加的进球帮助葡萄牙队一度建立了2∶0的领先优势；然而，本特纳在上、下半场各进一球，慢慢将比分追平。最终在第

葡萄牙队

87分钟，葡萄牙队球员西尔维斯特雷·瓦雷拉打进绝杀球，将葡萄牙队从悬崖边缘拉了回来。

这一场险胜，让葡萄牙队重回正轨，但球队还需要战胜荷兰队才能保证自己的出线机会。这场比赛同样惊险无比，荷兰队球员拉斐尔·范德法特先进一球，这让此前输给丹麦队和德国队的荷兰队也看到了晋级的希望。但在这之后，C罗拿出了自己作为核心球员的强大实力，他先是在第28分钟扳平比分，随后在第74分钟梅开二度，帮助葡萄牙队完成逆转。葡萄牙队在最后一场比赛拿到3分，从而以小组第二的身份晋级8强。

小组赛的后两场比赛，葡萄牙队踢得都很精彩，但对于葡萄牙队自己来说，其并不享受这种精彩。

葡萄牙队无法在防守端做到尽善尽美，这使得球队始终都处于压力之下，小组赛阶段还有容错空间，但到了淘汰赛阶段，一切就没那么容易了。

1/4决赛，葡萄牙队终于有所进步。这一次面对捷克队，葡萄牙队的防守没有出现问题，这使得C罗在第79分钟的进球，成为葡萄牙队的制胜进球。

半决赛，葡萄牙队面对曾在2010年世界杯淘汰自己的西班牙队，苦守120分钟，好不容易熬到了点球大战，却在前四轮罚丢两球。这让原本计划第五轮出场的C罗还没有走上点球点，比赛就在西班牙队罚入点球之后宣布结束。

英雄无用武之地，大概说的就是这个意思。

2012年欧洲杯，葡萄牙队打得还不错，但防守端的隐患也暴露了出来。如果不是在进攻端做得足够出色，葡萄牙队是没有机会打进四强的。

但在2014年世界杯，保罗·本托并没有解决好这个问题，从而导致了葡萄牙队的失败。

这一次的预选赛，葡萄牙队与俄罗斯队、以色列队、阿塞拜疆队、北爱尔兰队和卢森堡队分在一组。第一场比赛，葡萄牙队客场对阵卢森堡队，获胜是应该做到的，但能被卢森堡队打入一球，仅以2∶1的比分取胜，这是不应该的。

除此之外，葡萄牙队在主场与北爱尔兰队以1∶1的比分战平，两次面对以色列队也都以平局收场。这直接导致葡萄牙队在积分榜上最终落后俄罗斯队1分，再次将自己送入了只有通过附加赛才能晋级2014年世界杯正赛的岔路上。

这一次葡萄牙队在附加赛对阵瑞典队，葡萄牙队的C罗和瑞典队的兹拉坦·伊布拉希莫维奇（简称"伊布"），两支球队的核心球员上演了相当精彩的对决。

葡萄牙队

首回合，C罗在比赛第82分钟打进一球，帮助葡萄牙队在主场占据晋级先机。次回合来到客场，C罗同样先进一球，将葡萄牙队的总比分优势扩大到2∶0，然而在比赛第68分钟和第72分钟，伊布各进一球，将总比分扳平。

就在这一危急时刻，C罗仿佛王者降临，在两分钟内打进两球，帮助葡萄牙队完成逆转的同时，将总比分改写为4∶2。

最终比赛结束，葡萄牙队晋级2014年世界杯正赛。

这两场比赛让人看得非常过瘾，C罗和伊布的强强对决更是吸引了无数球迷的眼球。但对于葡萄牙队来说，这两场比赛就像2012年欧洲杯的后两场小组赛一样，意义并不是很大。

因为在世界杯预选赛，葡萄牙队完全有机会以更稳妥的方式获得世界杯正赛名额，而不需要将自己逼到这种背水一战的绝境当中，但球队在比赛时难免犯错，从而给自己增添了额外的困难和烦恼。

在世界杯上，这一点就体现得更为淋漓尽致了。

2014年世界杯小组赛，葡萄牙队再次遭遇德国队，同组还有美国队和加纳队。与2010年世界杯小组赛类似，这次的小组赛也并不好打。

小组赛首战，葡萄牙队面对德国队，前者在比赛当中毫无强度可言，最终以0∶4的比分完败于德国队。

经历如此沉重的打击后，葡萄牙队本想在第二场比赛对阵美国队时重新找到希望，但最终事与愿违。在纳尼首开纪录之后，葡萄牙队一度被美国队逆转，瓦雷拉在下半场伤停补时阶段的进球，只为葡萄牙队带来了一场平局。

小组赛第三场开打之前，葡萄牙队的晋级条件相当苛刻：其首先需要战胜加纳队，其次需要美国队和德国队分出胜负，而且需要在这两场比赛过后，让自己与小组前两名的净胜球劣势变为优势，才能从小组中出线。

最后一轮比赛，葡萄牙队以2∶1战胜了加纳队，美国队也输给了德国队。

葡萄牙队战胜加纳队的过程非常艰难，C罗在比赛第80分钟的进球才为球队超出比分，这意味着葡萄牙队在这场比赛只收获了1个净胜球；美国队则只以0∶1的小比分输给了德国队，这意味着美国队的净胜球也只减少了1个。

最终，葡萄牙队和美国队同积4分，但美国队的净胜球为0个，而葡萄牙队的净胜球为-3个，葡萄牙队因此结束了自己在2014年世界杯的征程。

兵败2014年世界杯小组赛，让葡萄牙队失望不已。

葡萄牙队

葡萄牙队没能拿出球队在2012年欧洲杯时那样的进攻表现，从而补足自己在防守端的不足，甚至在这一届世界杯，球队的防守端变得更为脆弱。

3场比赛丢掉7球，尤其是首战便0∶4不敌德国队，直接让葡萄牙队的小组出线之梦化为泡影。

这样的表现，是无法改写历史的。

从某种角度来说，C罗可能在这个时候意识到了菲戈在带队时候的不容易。2004年欧洲杯的亚军，2006年世界杯的第四名，并不是那么容易获得的。

或许正因为如此，C罗才会在第三场小组赛结束之后，对着媒体罕见地表达自己的沮丧，承认自己和球队的不足：

"说我们是一支顶级球队是骗人的。我们的球队实力非常有限，而且我们还没有达到最好的水平，不会有奇迹发生的。我们知道自己处在一个艰难的小组，也许有比我们更好的球队。我从没想过我们能赢得比赛。"

2014年，C罗29岁了。

长期以来，外界都认为，职业足球运动员会在30岁之后经历身体机能的下滑，从而影响个人能力。也就是说，如果一名球员没有在30岁之前拿到冠军和荣誉，那么在30岁之后，这一可能性只会逐

第五章 当王者降临（上）

渐降低，而不会逐渐提高。

在那个时候，C罗或许也同意这个观点，所以他才会承认葡萄牙队并非强队。可能在那时他已经接受，自己的俱乐部生涯无比辉煌，但国家队生涯只能如此了。

很显然，包括他在内，没有人能想到未来会发生的事情。

当时间进行到这里，C罗已经证明了他是这个世界上最出色的球星之一，是和阿根廷球星利昂内尔·梅西并行的"绝代双骄"。在俱乐部赛场，C罗取得了所有该取得的荣誉，进球如麻，奖杯无数。

但是其实直到现在，C罗在葡萄牙队的价值得到真正地实现了吗？显然还没有。以2014年世界杯为分界线，此时C罗在国家队的成绩，只有2004年欧洲杯的亚军和2006年世界杯的第四名。但是这都是C罗以"小将"身份获得的，彼时的他还不是葡萄牙队的领袖和核心。

此时的C罗已经接近30岁，他还能为葡萄牙队带来历史性的改变吗？在当时，很多人都持否定的答案。然而让人没有想到的是，2014年世界杯之后的C罗，才只是刚刚开始，他的伟大征程只是换了一个码头，重新出发。

为什么这么多人喜欢C罗，把C罗称为"绝对巨星"？他在30岁

葡萄牙队

之后的表现，就是最好的诠释。这个时候的C罗身处巅峰期，就已经有媒体认为他开始走下坡路了。但是，质疑的声音有多大，C罗回击的声音就有多响亮。

接下来的篇章，将是C罗迎来真正绽放的时刻。他在俱乐部依然无比灿烂，而在国家队也终于守得云开见月明。更为不可思议的是，C罗的职业生涯还很漫长。如果你是C罗的球迷，把时光停留在2014年，你就会发现，这只是C罗的上半场，他的下半场还未开始呢。

让我们一起欣赏C罗下半场的表演吧，接下来的时刻，整个葡萄牙队都是C罗的配角，而C罗则是当之无愧的葡萄牙队"救世主"。

第六章

当王者降临(下)

> 葡萄牙队终于获得了一项重要国际大赛的冠军,从而改写了葡萄牙队自建队以来没有获得过国际大赛冠军的历史。
>
> ——引语

葡萄牙队

◆ 当奇迹出现

从C罗说出葡萄牙队并非强队的那一刻起，保罗·本托在葡萄牙队的执教生涯其实就应该结束了。然而，在2014年世界杯结束之后，保罗·本托并没有被葡萄牙足协解雇，因为在2014年世界杯开幕前，他刚刚与葡萄牙足协续约至2016年。

葡萄牙足协尝试着无视外界要求葡萄牙队换帅的声音，但在球队内部，保罗·本托已经难有威信可言。于是在2016年欧洲杯预选赛的第一场比赛，葡萄牙队在主场0∶1不敌阿尔巴尼亚队，葡萄牙队球迷在看台上发出嘘声，并且挥舞着白手绢向保罗·本托告别，球员也用实际行动告诉葡萄牙足协，换帅势在必行。

在这种情况下，葡萄牙足协终于解除了和保罗·本托的合同，费尔南多·桑托斯成为他的继任者。

桑托斯执教葡萄牙队的第一场比赛，葡萄牙队对阵丹麦队，C罗用一个绝杀球为球队新帅带来了一场开门红。

接下来的六场比赛，葡萄牙队取得了六连胜。虽然每一场比赛都只比对手多进了一球，但连续的胜利还是让桑托斯逐渐在球队内树立起了自己的权威,毕竟成绩是不会骗人的。

2016年欧洲杯预选赛,葡萄牙队以7胜1负的战绩,以领先第二名阿尔巴尼亚队7分的优势,轻松地晋级到了2016年欧洲杯正赛。

这是葡萄牙队自2008年以来第一次以小组第一的身份直接晋级到了国际大赛的正赛。

这才是一支强队应该打出的战绩。

虽然葡萄牙队在预选赛表现稳健,但在当时,不会有多少葡萄牙队球迷会对葡萄牙队在2016年欧洲杯的前景感到乐观。

葡萄牙队在2014年世界杯的低迷表现还历历在目,C罗也已经年满31周岁。纳尼、夸雷斯马等人也是到了而立之年的老将,队内并没有多少让人眼前一亮的年轻新秀。

这样一支球队,很难打出什么优异的战绩。

实际上,外界对葡萄牙队的判断是正确的。因为在2016年欧洲杯小组赛,葡萄牙队的表现的确算不上多么出色,至少完全没有之前在预选赛时那般稳健。

小组赛,葡萄牙队与匈牙利队、冰岛队和奥地利队分在同一个小组。按照实力对比,葡萄牙队才是这个小组中实力最强的球队,然而3场比赛,葡萄牙队只获得了3场平局。

第一场对阵冰岛队,葡萄牙队的纳尼和冰岛队的比尔基尔·比

葡萄牙队

亚尔纳松各入一球，双方1∶1战平。

第二场比赛，奥地利队无法击败葡萄牙队，葡萄牙队则没有找到攻破奥地利队球门的办法，两队在整整90分钟里都被这一难题所困扰。最后，双方0∶0互交白卷。

第三场比赛，葡萄牙队不能有失。结果对阵匈牙利队，葡萄牙队在比赛第19分钟就先丢一球，纳尼在上半场临近结束前扳平比分。下半场比赛，匈牙利队仅用时2分钟就再度领先，C罗随后再度追平比分，这样的比分变化在第55分钟和第62分钟再度出现，匈牙利队和葡萄牙队最终战成3∶3。

3场小组赛结束后，葡萄牙队仅积3分。

换作16支球队参赛的欧洲杯，这一成绩是无法支持葡萄牙队从小组出线的，然而在2016年欧洲杯，情况略有不同。

这一届欧洲杯，参赛球队的规模扩大到24支，于是在分成6个小组之后，欧足联决定从中选拔出16强。除了各个小组的前两名之外，4个成绩最好的小组第三名也可以出线。

葡萄牙队3分的成绩，不如斯洛伐克队和爱尔兰队的4分，但相较于其他小组的第三名，葡萄牙队0个净胜球，比土耳其队和阿尔巴尼亚队的净胜球多，至于和同积3分、0个净胜球的北爱尔兰队相比，葡萄牙队总共打进4球，比北爱尔兰队的进球数要多。

第六章 当王者降临（下）

于是，按照最新规则，葡萄牙队成为6个小组第三名中的第三名，有惊无险地晋级到2016年欧洲杯16强。

1/8决赛，葡萄牙队遇到了克罗地亚队。

克罗地亚队在小组赛中的表现也非常出色，这使得葡萄牙队在淘汰赛之后，立刻采用了小心谨慎的比赛方式。虽然克罗地亚队了解葡萄牙队在小组赛中的低迷表现，但前者也必须忌惮C罗、纳尼和夸雷斯马这样凭借个人能力就可以改写比分的葡萄牙队球员。

于是，这场比赛两支球队打得相当保守，都不敢在进攻端投入过多的兵力。直到加时赛最后几分钟，葡萄牙队才取得了在这届欧洲杯的第一场胜利，夸雷斯马的头球破门，让葡萄牙队在比赛第117分钟取得了比分的领先。3分钟后，"五盾军团"晋级8强。

艰苦的1/8决赛结束，葡萄牙队的艰苦还在继续。

1/4决赛，葡萄牙队对阵波兰队。比赛开始才2分钟，波兰队前锋罗伯特·莱万多夫斯基就首开纪录，为波兰队取得了比分上的领先。第33分钟，不满19岁的雷纳托·桑切斯为葡萄牙队扳平比分，这名小将是葡萄牙队在本届欧洲杯人员层面上的最大收获。

桑切斯的进球让两支球队回到同一起跑线上，但接下来的数十分钟内，双方再也未能改写比分。1∶1的比分一直保持到了加时赛结束，双方进入残酷的点球大战。

葡萄牙队

在点球大战中，葡萄牙队门将鲁伊·帕特里西奥继承了前辈里卡多在2004年欧洲杯和2006年世界杯的优良传统，在第四轮扑出了波兰队球员雅各布·布瓦什奇科夫斯基的点球。在夸雷斯马打进第五轮的点球之后，葡萄牙队成为赢家，帕特里西奥则成为这场比赛中葡萄牙队的英雄。

半决赛，葡萄牙队遇到了加雷斯·贝尔率领的威尔士队，C罗和他的队友不会再让机会溜走了。

上半场比赛，两支球队都不想冒任何风险，双方都采用相当保守的战术。尽管如此，在贝尔的带动下，威尔士队的进攻则对葡萄牙队构成很大威胁。在这种情况下，葡萄牙队在上半场始终没有找到攻破威尔士队防线的办法。

到了比赛第50分钟，葡萄牙队开出角球，C罗将球打入威尔士队的大门。在3分钟后，作为C罗在本届欧洲杯的最大帮手，纳尼打进了球队的第二球，为葡萄牙队创造了足够大的优势。随后葡萄牙队顶住了威尔士队的疯狂反扑，最终以2∶0的比分取得比赛胜利，再次闯入了欧洲杯决赛的舞台。

即便如此，葡萄牙队在决赛上的前景依然不被外界所看好。因为2016年欧洲杯在法国举办，而葡萄牙队在决赛的对手正是实力强大的法国队。

第六章 当王者降临（下）

法国队近几年强人辈出，安托万·格列兹曼、保罗·博格巴都是极其优秀的球员。在交战记录上，法国队也占据上风：在这场比赛之前，两队在24场比赛中交手，法国队打出了18胜1平5负的成绩，其中3次分别发生在1984年欧洲杯、2000年欧洲杯和2006年世界杯上，法国队全部取胜的同时，还获得了1984年和2000年的欧洲杯冠军。

所以，外界几乎一致认为，法国队这次又将战胜葡萄牙队，从而在主场第三次加冕欧洲杯冠军。甚至在葡萄牙队球员的内心深处，恐怕他们也是这样想的。

比赛开始7分钟后，C罗就因为遭到法国队球员迪米特里·帕耶的冲撞而受伤。倒在地上的C罗显得很痛苦，但经过队医的简单治疗之后，他还是选择回到比赛当中。

比赛第25分钟，C罗无法再坚持下去，他倒在地上泪流满面，为自己无法继续参加比赛感到遗憾的同时，很可能也是觉得又一次冲击冠军的机会摆在面前，自己却不得不看着它即将从手边溜走。

C罗受伤，最坚定的葡萄牙队球迷势必也发生了一些动摇，但恰恰是在C罗离场之后，葡萄牙队球员迸发出了强烈的斗志。他们想要为受伤的C罗以及从未碰触过荣誉的葡萄牙队而战，改写这场

葡萄牙队

比赛或许已经被注定的命运。

正是这份斗志，让比赛的天平开始发生倾斜。

C罗受伤之后，葡萄牙队的实力大减，这使得其不得不开始紧缩队形——在尝试打出进攻之前，首先要顶住法国队的猛攻。

这样的决定看起来为葡萄牙队带来了无穷无尽的压力，但佩佩和帕特里西奥在这场比赛中的表现极为出色，他们拼尽全力多次挡出了法国队球员的射门。这一切努力在常规时间最后一分钟险些付之东流，替补登场的法国队前锋安德烈-皮埃尔·吉尼亚克的射门击中门柱，法国队距离赢得比赛只差了一点点。

比赛由此进入加时赛。随着时间的流逝，法国队球员的体能也在不断消耗，同时在主场无法拿下比赛的焦虑不断增长，开始影响他们的发挥。这让葡萄牙队看到了一些进攻的空间。加时赛中，葡萄牙队后卫拉斐尔·格雷罗主罚任意球，同样击中了法国队的门柱，这样的机会让葡萄牙队看到了进球的希望。

这种希望在第109分钟成为现实。替补登场的葡萄牙队前锋埃德尔在距离球门23米远的地方打出一脚角度极为刁钻的远射，球直接洞穿了法国队门将雨果·洛里的十指关。

此球一进，葡萄牙队士气大振。主教练桑托斯和队长C罗在场边急忙呼喊队友，要守住最后的10分钟。对于已经顶住法国队进攻将近110分钟的葡萄牙队来说，这10分钟的防守难度已经不算很大。

在伤停补时的两分钟结束之后，裁判吹响了比赛结束的哨子。

葡萄牙队终于获得了一项国际大赛的冠军，从而改写了葡萄牙队自建队以来没有获得过国际大赛冠军的历史。

比赛结束之后，葡萄牙队后卫佩佩被评选为决赛最佳球员，葡萄牙媒体则将"国家英雄"的称号赋予了每一名葡萄牙队球员。

回到国内，葡萄牙队受到了全体葡萄牙人民的热烈欢迎，球队在首都里斯本的街道上举行了盛大的游行活动，数十万球迷夹道庆祝。所有球员也都获得了时任葡萄牙总统马塞洛·雷贝洛·德索萨授予的"指挥官"称号，以此表彰葡萄牙队为葡萄牙社会发展做出的巨大贡献。

此时的葡萄牙队，终于能够开始憧憬更远的未来。

◆ 欧洲冠军看向远方

有了这座欧洲杯冠军奖杯，葡萄牙队再也不是一支只会踢华丽足球，却没有荣誉入账的球队，"五盾军团"从此被视为欧洲赛场的真正强队。

葡萄牙队

　　凭借2016年欧洲杯冠军的成绩，葡萄牙队也因此获得了参加2017年在俄罗斯举办的国际足联联合会杯（简称"联合会杯"）的资格。葡萄牙队和东道主俄罗斯队，以及2015年中北美洲及加勒比海冠军联赛冠军墨西哥队、2016年大洋洲国家杯冠军新西兰队分在了同一个小组。

　　小组赛中，葡萄牙队先是与墨西哥队战成2∶2，随后凭借C罗的进球，以1∶0小胜东道主俄罗斯队。小组赛第三场，葡萄牙队以4球大胜新西兰队，从而获得了小组第一的成绩，晋级四强。

　　半决赛，葡萄牙队与2015年美洲杯冠军智利队狭路相逢，两支球队苦战120分钟，没有分出胜负，于是进入点球大战。

　　这一次，葡萄牙队没有了在2016年欧洲杯上的好运气，主罚点球的葡萄牙队球员夸雷斯马、若昂·穆蒂尼奥和纳尼全部罚丢。智利队非常轻松地以3∶0赢下点球大战，从而将葡萄牙队淘汰出局。

　　随后进行的季军赛，葡萄牙队再遇墨西哥队，这一次，两队同样打得难解难分。佩佩在下半场伤停补时阶段扳平比分，帮助葡萄牙队与墨西哥队在90分钟内战成1∶1的平局。在加时赛中，阿德里安·席尔瓦在比赛第104分钟打进点球，帮助葡萄牙队以2∶1的比分战胜了墨西哥队，从而获得了这一届联合会杯的季军。

　　未能在联合会杯延续成功，这并未影响葡萄牙队的情绪，毕竟

第六章 当王者降临（下）

这本身就是一项用来为世界杯东道主测试场地所设置的热身性质的杯赛。

与其在这样的比赛上取得成绩，还不如在即将到来的2018年世界杯上大放异彩。

2018年世界杯预选赛，作为2016年欧洲杯冠军的葡萄牙队踌躇满志。葡萄牙队与瑞士队、匈牙利队、法罗群岛队、拉脱维亚队和安道尔队分在一组，小组内的大部分对手实力有限，并不能影响葡萄牙队的表现。

10场预选赛，葡萄牙队取得了9胜1负的好成绩，唯一输球的场次是在客场0∶2不敌瑞士队。最终，葡萄牙队获得了27个积分，与瑞士队积分相同。瑞士队也打出了9胜1负的战绩，唯一的输球也是在客场0∶2输给了葡萄牙队。

最终，葡萄牙队凭借净胜球更多的优势排名小组第一，将直接参加2018年世界杯正赛。在10场预选赛中，C罗打进15球，是葡萄牙队直接晋级的功臣之一。

2018年，葡萄牙队带着信心来到了本届世界杯的举办国俄罗斯。

在桑托斯公布的葡萄牙队23人大名单中，帮助葡萄牙队在2016年欧洲杯打进制胜球的埃德尔没有入选。

葡萄牙队

　　小组赛，葡萄牙队与西班牙队、伊朗队和摩洛哥队分在一组。葡萄牙队和西班牙队携手晋级淘汰赛的结局，似乎在小组赛开打之前就已经注定了，唯一的悬念就是谁将获得小组第一。

　　小组赛第一轮，葡萄牙队迎战西班牙队，在激动人心的比赛中，葡萄牙队几乎从比赛一开始，就已经向胜利进发。C罗在比赛第4分钟罚进点球，帮助葡萄牙队早早取得领先，但20分钟之后，西班牙队前锋迭戈·科斯塔扳平比分。上半场结束前，西班牙队门将大卫·德赫亚在扑救C罗的射门时出现失误，球划入球门，葡萄牙队以2∶1的比分结束了上半场的比赛。

　　下半场比赛，西班牙队拿到了绝大部分的控球权，让葡萄牙队陷入了困境。迭戈·科斯塔在比赛的第55分钟梅开二度，3分钟后，西班牙队球员纳乔·费尔南德斯在禁区外的大力射门，帮助西班牙队完成逆转。

　　然而，在比赛结束前，C罗在第88分钟主罚任意球完成破门，上演了职业生涯的第51次帽子戏法，从而帮助葡萄牙队收获一场平局。

　　有了这场平局作为基础，小组第一的位置将属于在后两轮比赛中表现更好的球队。

　　小组赛第二场，葡萄牙队还是凭借C罗在比赛开局的进球，早

第六章 当王者降临（下）

早收获了比分领先的优势。尽管葡萄牙队首开纪录，但此后球队表现一般，摩洛哥队则开始尝试扳平比分。葡萄牙队依靠门将的高接低挡，收获了一场1∶0的小胜。

这使得葡萄牙队在小组第一的争夺中处于劣势，必须在对阵伊朗队的比赛中拿出更好的表现。这注定无比困难，因为2018年世界杯上的伊朗队，主教练正是曾经带领葡萄牙队征战2010年世界杯、战术极为保守谨慎的奎罗斯。

面对伊朗队铜墙铁壁式的防守，葡萄牙队只在上半场攻破过一次对手的球门，而在下半场伤停补时阶段还被伊朗队通过点球扳平比分，最终只收获了一场平局。

3场小组赛，1胜2平，虽然葡萄牙队和西班牙队的积分一样，但葡萄牙队因为进球数少而排名小组第二。这意味着葡萄牙队在1/8决赛就有可能要遇上强敌。

世界杯之路的难度，陡然增加。

事实也正是如此，葡萄牙队在1/8决赛遇到了球星云集的乌拉圭队。这一次在比赛开局收获进球的球队变成了乌拉圭队，埃丁森·卡瓦尼帮助乌拉圭队在比赛开始的第7分钟就取得领先。下半场开始后，葡萄牙队开始加强进攻，凭借佩佩的进球一度将比分扳平。然而7分钟后，乌拉圭队就重新取得比分的领先，卡瓦尼梅开二

葡萄牙队

度,将比分改写为2∶1。

此后的葡萄牙队一直在试图重新扳平比分,但直到比赛结束,结果都没有改变。葡萄牙队最终无缘晋级世界杯8强。

◆ 没有C罗也能赢

和欧洲杯相比,世界杯的难度显然更高。因此,虽然葡萄牙队在2018年世界杯没有取得好成绩,但桑托斯的帅位并没有发生动摇,他与球员的关系也保持着良好的状态。

2018年世界杯结束后,C罗短暂告别了葡萄牙队,缺席了6场的比赛,其中就包括2018—2019赛季欧国联的4场小组赛。

在这几场比赛当中,桑托斯征召了一些全新的葡萄牙年轻球员,这些年轻球员也证明了他们可以在没有C罗的情况下,带领葡萄牙队和一些欧洲强队抗衡。

比如葡萄牙队在欧国联小组赛中,就曾1∶0战胜意大利队、3∶2战胜波兰队。

4场比赛当中,年轻的葡萄牙队前锋安德烈·席尔瓦打进3球,是葡萄牙队打进四强而得以参加首届欧国联淘汰赛的功臣之一。

第六章　当王者降临（下）

2019年6月5日，第一届欧国联的淘汰赛在葡萄牙举办，葡萄牙队因此有了东道主的优势。

半决赛，葡萄牙队3∶1战胜了瑞士队。2018年世界杯后第一次回到葡萄牙队的C罗，再次证明了自己的重要性，他上演了帽子戏法，从而带领葡萄牙队进入决赛。

决赛对阵荷兰队，葡萄牙队开场之后就展现了积极的状态。比赛第60分钟，葡萄牙队球员贡萨洛·格德斯在禁区外起脚射门，收获全场唯一的进球。荷兰队直到比赛最后一刻都在试图制造威胁，但直到最后也没有改变结果。葡萄牙队从而赢得了国家队历史上第二座冠军奖杯。

但是，这项赛事从创办之初就带有一些友谊赛的性质，这座奖杯的重要性还是不如欧洲杯冠军。所以对于葡萄牙队球迷来说，他们还是更期待葡萄牙队在2020欧洲杯上的表现。

毕竟，这将是葡萄牙队以上届冠军的身份参加的欧洲杯。

在欧国联赛事期间穿插举行的2020欧洲杯预选赛，葡萄牙队与乌克兰队、塞尔维亚队、卢森堡队和立陶宛队分到同一个小组。

首场比赛，葡萄牙队未能战胜乌克兰队，两支球队0∶0互交白卷。第二场比赛，葡萄牙队依然表现不佳，1∶1战平了塞尔维亚队。

葡萄牙队

此后的葡萄牙队终于找回了状态，取得了三连胜。但在第六场比赛，客场不敌乌克兰队的结果让葡萄牙队无法获得小组第一，最终只能以小组第二的成绩晋级到了2020欧洲杯正赛。

受到新冠疫情的影响，这一届的欧洲杯延期至2021年举行。对于新增一岁的C罗以及他所在的葡萄牙队来说，这当然是一个坏消息。

欧洲足坛恢复赛事后，葡萄牙队先参加了2020—2021赛季欧国联的小组赛，其与法国队、克罗地亚队和瑞典队分在一组。

小组赛中，葡萄牙队在与克罗地亚队和瑞典队的比赛中都拿到了全胜，展现了欧国联冠军球队的应有姿态。不过在对阵法国队的两回合比赛中，葡萄牙队先是在客场0∶0战平对手，回到主场又以0∶1的比分输给了对手，这使其只能排在小组第二，无缘晋级淘汰赛，自然也没有了卫冕的可能。

2020欧洲杯小组抽签结果出炉，葡萄牙队的签运也不够好，这一次其与德国队、法国队和匈牙利队被分到了"死亡之组"。

首场小组赛，葡萄牙队对阵匈牙利队。尽管葡萄牙队几乎控制住了比赛，但在射门环节遇到了很大的困难。直至比赛第84分钟，拉斐尔·格雷罗才终于帮助葡萄牙队打破僵局。3分钟后，C罗罚进点球；伤停补时阶段，C罗梅开二度，最终帮助葡萄牙队以3∶0的比分，有惊无险地取得胜利。

在理论上实力最弱的对手身上拿到了胜利，葡萄牙队在接下来的两场比赛中就有了一些底气。

第二轮小组赛，葡萄牙队面对德国队。C罗在第15分钟为球队首开纪录，但德国队随后连入4球，葡萄牙队前锋迪奥戈·若塔在第67分钟扳回一城，比分最终被定格在了2∶4。

输掉这场比赛之后，葡萄牙队需要在对阵法国队的比赛中避免输球，法国队也不想将比赛打得太过开放。

于是在比赛中，两支球队打得都很谨慎。C罗利用点球梅开二度的同时，法国队前锋卡里姆·本泽马也在上、下半场各进一球，两位球星帮助彼此的球队收获了一场平局。

最终，葡萄牙队只在小组赛拿到4分，和在2016年欧洲杯一样，依然以成绩最好的小组第三名之一的身份，晋级16强。

然而这一次，葡萄牙队没有了在2016年欧洲杯时那般的好运气。

1/8决赛，葡萄牙队遭遇比利时队。上半场比赛接近尾声时，索尔根·阿扎尔在禁区外的一记精彩射门，帮助比利时队首开纪录。下半场比赛，葡萄牙队占据了比赛的主动权，但并未破门，葡萄牙队也因此被淘汰。

葡萄牙队

◆ 如果C罗不服老

2018年世界杯和2020欧洲杯，葡萄牙队在两届国际大赛中都没有取得让人特别满意的成绩。在舆论层面，桑托斯开始受到一定的质疑。毕竟在这段时间里，葡萄牙队涌现不少优秀的球员。而在另一方面，认为C罗已老的声音也开始出现。

很显然，2022年世界杯是葡萄牙队回击质疑的一个机会。

2022年世界杯预选赛，葡萄牙队与塞尔维亚队、爱尔兰队、卢森堡队和阿塞拜疆队分在同一个小组。葡萄牙队还是一样能够击败阿塞拜疆队、卢森堡队和爱尔兰队这样的弱旅，但是面对塞尔维亚队，葡萄牙队在客场2∶2战平，在主场却以1∶2的比分不敌对手。

这样一来，葡萄牙队就被迫排到了塞尔维亚队的身后，需要以小组第二的身份参加附加赛。

两轮的附加赛，葡萄牙队先是3∶1击败了土耳其队，随后又以2∶0击败了北马其顿队。这使得葡萄牙队在2022年3月才正式取得了参加2022年世界杯正赛的名额。

第六章 当王者降临（下）

几个月后，在2022—2023赛季欧国联小组赛，葡萄牙队的表现依然无法令人信服。葡萄牙队虽然能够击败瑞士队和捷克队，但两战西班牙队，葡萄牙队还是没有取得胜利，这不得不让人怀疑葡萄牙队在2022年世界杯的前景。

或许就是在这个时候，桑托斯就已经做出了预案。

2022年世界杯开幕之后，葡萄牙队需要从对手为韩国队、乌拉圭队、加纳队的这个小组当中脱颖而出。

第一场比赛，葡萄牙队对阵加纳队。上半场两队互交白卷，下半场开始后，葡萄牙队在比赛第65分钟获得点球的机会，C罗主罚得手。第73分钟，加纳队前锋安德烈·阿尤扳平比分。随后，葡萄牙队迅速给予对手回应，若昂·费利克斯和拉斐尔·莱奥在两分钟内各入一球，帮助葡萄牙队将比分迅速拉开。不过在比赛临近结束时，加纳队先是由奥斯曼·布卡里头球破门，缩小了比分差距，随后在补时阶段，加纳队的伊纳基·威廉姆斯险些抓住葡萄牙队门将迪奥戈·科斯塔的失误，但前者在射门时滑倒，葡萄牙队差一点儿失去在这场比赛中获胜的机会。

随后对阵乌拉圭队，葡萄牙队表现不错，其在下半场打进两球，以2∶0的比分击败了乌拉圭队，从而锁定了小组出线的名额。

于是在小组赛第三场，葡萄牙队进行球员轮换，但依然在比赛

葡萄牙队

中首开纪录。急需积分的韩国队则在第27分钟由金英权扳平比分。下半场比赛，双方打得更为开放，都制造了得分机会。最终，韩国队在伤停补时阶段逆转比分，黄喜灿将球射入球门。

这样的结果，依然没有影响葡萄牙队小组第一的位置。但在这场比赛当中，C罗因不满被替换下场从而和主教练桑托斯发生争执。于是在1/8决赛葡萄牙队对阵瑞士队的比赛中，C罗被排除在首发阵容之外。这是自2008年欧洲杯以来，C罗第一次没有为葡萄牙队在国际大赛中首发，也是葡萄牙队自2004年欧洲杯以来，首次在没有C罗首发的情况下开始了国际大赛的淘汰赛。

在这场比赛当中，代替C罗首发的贡萨洛·拉莫斯大放异彩，他上演了帽子戏法，从而帮助葡萄牙队以6∶1的大比分击败了瑞士队。

球队这样的表现，让桑托斯受到了鼓舞，于是在对阵摩洛哥队的1/4决赛上，他延续了这一战术计划，C罗再次坐上了替补席。

这场比赛，葡萄牙队就没有了好运气。全场比赛，葡萄牙队始终无法攻破摩洛哥队的球门，反而在第42分钟被摩洛哥队攻破球门。落后的葡萄牙队竭尽全力，试图让比赛重回正轨，但这一天不是葡萄牙队的幸运日，摩洛哥队门将神勇发挥，挡出了葡萄牙队的多次必进球。

第六章 当王者降临（下）

于是，葡萄牙队止步八强，结束了自己在2022年世界杯的征程。

这样的结果，加上淘汰赛阶段让C罗替补的战术决定，让桑托斯的豪赌以失败告终，也自然抵消了他曾经为葡萄牙队所做的贡献。

世界杯结束后不到一周，葡萄牙足协正式宣布桑托斯离任，葡萄牙队需要一位新教练来改善球队目前遇到的问题。这位新教练不仅需要让葡萄牙队球迷满意球队的比赛过程，而且需要让C罗发挥余热，从而让C罗在几年后能够体面地告别葡萄牙队。

最终，作为比利时队的前任教练，西班牙人罗伯托·马丁内斯成为葡萄牙足协的选择。带领葡萄牙队换一个打法的任务，交到了马丁内斯的手上。

这个时候对于C罗来说，其实也迎来了新的十字路口。2022年世界杯的折戟，除了葡萄牙队战绩的糟糕之外，对于C罗来说也是分水岭。

有人说他老了，有人说葡萄牙队不需要他了，有人说他该退出葡萄牙队了，把机会留给新人。可是对于C罗来说，他会怎样抉择呢？

从2003年到2022年，接近20年的时间，C罗为葡萄牙队奉献了

葡萄牙队

一切。他一次次扮演救世主,一次次挽救球队,成为葡萄牙队球迷心中的英雄。但是如今他确实老了,可是他又怎么甘心就此离去呢?

回首2016年欧洲杯冠军的荣耀,C罗或许还会记得那个夜晚的点点滴滴。2022年,此时的C罗37岁了,两年后的2024年欧洲杯,C罗就39岁了。

廉颇老矣,C罗还能继续战斗吗?

如果你发出这样的疑问,其实就是错误的。C罗,葡萄牙队最伟大的球星,他怎么可能会轻易认输呢?他的故事,注定还会继续下去,与葡萄牙队一同继续下去。

第七章

向梦想起航

在不知不觉当中，2016年欧洲杯冠军的美好记忆，已经过去了8年。

——引语

葡萄牙队

◆ 新帅新征程

2023年1月9日，罗伯托·马丁内斯被宣布接替费尔南多·桑托斯担任葡萄牙队主教练。

马丁内斯的第一个任务就是带领葡萄牙队从2024年欧洲杯预选赛中顺利晋级，而葡萄牙队的抽签运气给了马丁内斯一个很好的助力。预选赛阶段，葡萄牙队的小组对手分别是斯洛伐克队、卢森堡队、冰岛队、列支敦士登队和波黑队。

在这个小组当中，葡萄牙队几乎是鹤立鸡群般的存在，即便是实力相对较强的斯洛伐克队，也并不处于其历史上实力最强的阶段。

马丁内斯带队的第一场比赛，葡萄牙在主场4：0战胜列支敦士登队，随后的9场比赛，葡萄牙队取得了全胜的战绩，打破了葡萄牙队历史上在欧洲杯预选赛阶段进球最多和丢球最少的纪录。球队的进球数达到了36球，丢球数仅为2球，10场比赛中，有9场零封对手。

预选赛取得全部的胜利，这在葡萄牙队参加世界杯和欧洲杯的

第七章 向梦想起航

历史上，尚属首次。

在这36球当中，C罗打进了10球，仅次于比利时队卢卡库的14球，排在了欧洲杯预选赛射手榜的第二名。

这位已经接近40岁的前锋，依然在为葡萄牙队做着很大的贡献。

在这段时间，葡萄牙队也在马丁内斯的带领下悄然发生着改变。在阵形打法上，葡萄牙队逐渐放弃了桑托斯时代单前锋的战术体系，马丁内斯带来了一些全新的思路，包括三后卫体系，包括"433"阵形等内容，都在葡萄牙队逐渐出现。

在人员层面上，马丁内斯也有一些侧重。除了继续重用B费和贝尔纳多·席尔瓦（简称"B席"）这些优秀的中场球员之外，一个清晰的变化是莱奥在队内的作用正在逐步增加。莱奥更多地出现在左边路的位置，承担为球队攻城拔寨、夺取纵深的战术任务，从而让C罗的战术负担得以减轻。

所以在这个阶段，葡萄牙足协的换帅显然起到了预期中的效果。

然而必须看到的是，葡萄牙队在这届预选赛中的对手实力都不强，包括列支敦士登队、卢森堡队，都是被公认的弱旅，几乎无法考验到葡萄牙队球员的发挥，自然也无法替马丁内斯检验球队在战

葡萄牙队

术体系上的问题和漏洞。而在对阵冰岛队、斯洛伐克队这些稍有实力的球队的时候,葡萄牙队就会出现艰难的时刻。

比如在客场对阵冰岛队的比赛,葡萄牙队在比赛的第89分钟才收获进球,艰难地在客场获得了胜利;还有在主场对阵斯洛伐克队的比赛,在获胜就可以提前晋级的情况下,葡萄牙队丢掉两球,以3∶2的比分险胜对手。

不过在这两场比赛中,C罗都有着良好的发挥。客场对阵冰岛队的唯一进球,由C罗打进;以3∶2的比分战胜斯洛伐克队的比赛,C罗梅开二度,他都是葡萄牙队取胜的重要功臣。

通过这次预选赛,葡萄牙队的确打破了各种纪录,也打出了球迷想要看到的漂亮场面,但球队依然存在着很大的风险,因为这只是欧洲杯的预选赛而已。

2002年世界杯预选赛,葡萄牙队也曾打出全程不败的出色战绩,最后却没能在世界杯上打出令人满意的表现,这就是马丁内斯和葡萄牙队的前车之鉴。

所以,真正考验马丁内斯和葡萄牙队的时候,其实还没有到。在葡萄牙队的欧洲杯之旅结束之后,马丁内斯的工作成果才会得到真正公平的评价。

从这个角度来说,葡萄牙队依然任重而道远。

第七章 向梦想起航

进入2024年，提前晋级欧洲杯的葡萄牙队开始为欧洲杯做起准备。

3月份的国家队比赛日，葡萄牙队的对手是瑞典队和斯洛文尼亚队。马丁内斯将球队分为两部分，其中一部分球员只参加对阵瑞典队的比赛，而另一部分球员只参加对阵斯洛文尼亚队的比赛。

对阵瑞典队的比赛，以"433"阵形出战的葡萄牙队收获了一场5：2的大胜，包括莱奥在内的多名葡萄牙队球员都收获了进球。但对阵斯洛文尼亚队的比赛，葡萄牙队以0：2的比分失利，首发并且打满全场的C罗没有收获进球，这场比赛中葡萄牙队使用了三中卫阵形，没有收到预想的效果。

很显然，葡萄牙队还需要为6月开始的欧洲杯进行更加充分的准备。

◆ **未来的航行**

尽管2024年欧洲杯的葡萄牙队大名单还没有公布，但不出意外的话，这将会是C罗即将开始的第六次欧洲杯之旅，这将是属于世界足坛的又一项纪录。

葡萄牙队

C罗目前的状态，显然不处在巅峰。虽然他依然可以摧城拔寨，建功立业，但在大概率情况下，C罗的职业生涯将会在不久的未来宣告结束，这届欧洲杯或将是C罗的最后一舞。

届时，葡萄牙队将开启新的时代，球队将寻找新的领航人。当然，属于C罗的奇迹之路，将会成为球迷难以忘怀的美好回忆。

毫无疑问，没有C罗的未来，对于葡萄牙队来说，将是一个非常艰难的未来，但依然充满了无限的可能。

作为欧洲足坛的一支劲旅，葡萄牙队在过去的比赛中展现出了强大的实力与不屈的斗志。而且无论是从球员阵容、教练战术，还是从青训发展来说，葡萄牙队都有着相当充足的保障，这些都能让葡萄牙队在未来保持在欧洲强队的水平之上。

然而，葡萄牙队也面临着一些挑战。世界足坛的竞争日益激烈，各支球队都在努力提高自己的实力。葡萄牙队需要不断提升自身的竞技水平，才能在未来的比赛中取得更好的成绩。

最重要的是，葡萄牙队要找到属于自己的下一位领军人物。

从尤西比奥时代开始，历经菲戈和C罗的时代，葡萄牙足球证明了自己可以产出优秀的球员。在过去的几十年里，无数优秀的葡萄牙球员在欧洲各国联赛都留下了自己的足迹。然而，葡萄牙队始终需要一位领军人物，从而让这些优秀球员积累的量变，引发最后

第七章 向梦想起航

的质变。

所以，葡萄牙队要去哪里寻找C罗之后的下一位领军人物？或者说现有的葡萄牙球员里，谁能成为C罗之后的下一位领军人物？这将是后C罗时代，葡萄牙队的一个最大看点。

不过，无论这一领军人物何时出现，葡萄牙队都将继续扮演一支欧洲强队的角色，这一点是毫无疑问的。

在过去几年当中，B费和B席都在英超打出了极高的水平，帮助曼联队和曼彻斯特城队（简称"曼城队"）获得了各自的成功，而莱奥也帮助AC米兰队时隔11年重新获得了意甲冠军。

当然了，还包括曾经创下转会费纪录的费利克斯。虽然费利克斯在过去几年中的表现飘忽不定，辗转于多家欧洲豪门俱乐部，但年轻的他还是能够获得不少球迷的认可。

所以，哪怕在C罗退役之后，葡萄牙队也可以保持住自己欧洲强队的地位，从而等待下一位领军人物的出现，带领这支天赋异禀的球队像获得2016年欧洲杯冠军一样，争夺更高的荣誉和更多的奖杯。

写到这里，在不知不觉当中，2016年欧洲杯冠军的美好记忆，已经过去了8年。

在这8年当中，葡萄牙队不断地尝试着为自己的荣誉室增添更多

葡萄牙队

的奖杯，尤其是那座无比盼望的大力神杯。

这个国家从来都不缺少真正的足球天才，但令人遗憾的是，这些足球天才难以在同一时间一起出现，从而帮助葡萄牙队和巴西队、法国队、德国队、阿根廷队这些真正的强队做到平起平坐。

这些足球天才会让葡萄牙队在不同的时期看到希望，又一次次地经历希望破灭的那种痛苦，然而葡萄牙人从来都没有想过放弃。

即将开打的2024年欧洲杯就在眼前，葡萄牙队又将再度向冠军发起冲击。

经典瞬间

对于任何一支球队来说，在浩瀚的历史长河中，都会诞生很多的经典瞬间。这些瞬间，是球迷津津乐道的话题，也是球星绽放光彩的时刻。定格精彩的进球、争议的判罚、完美的配合、顽强的防守、伟大的扑救……珍藏这些难以忘怀的瞬间。

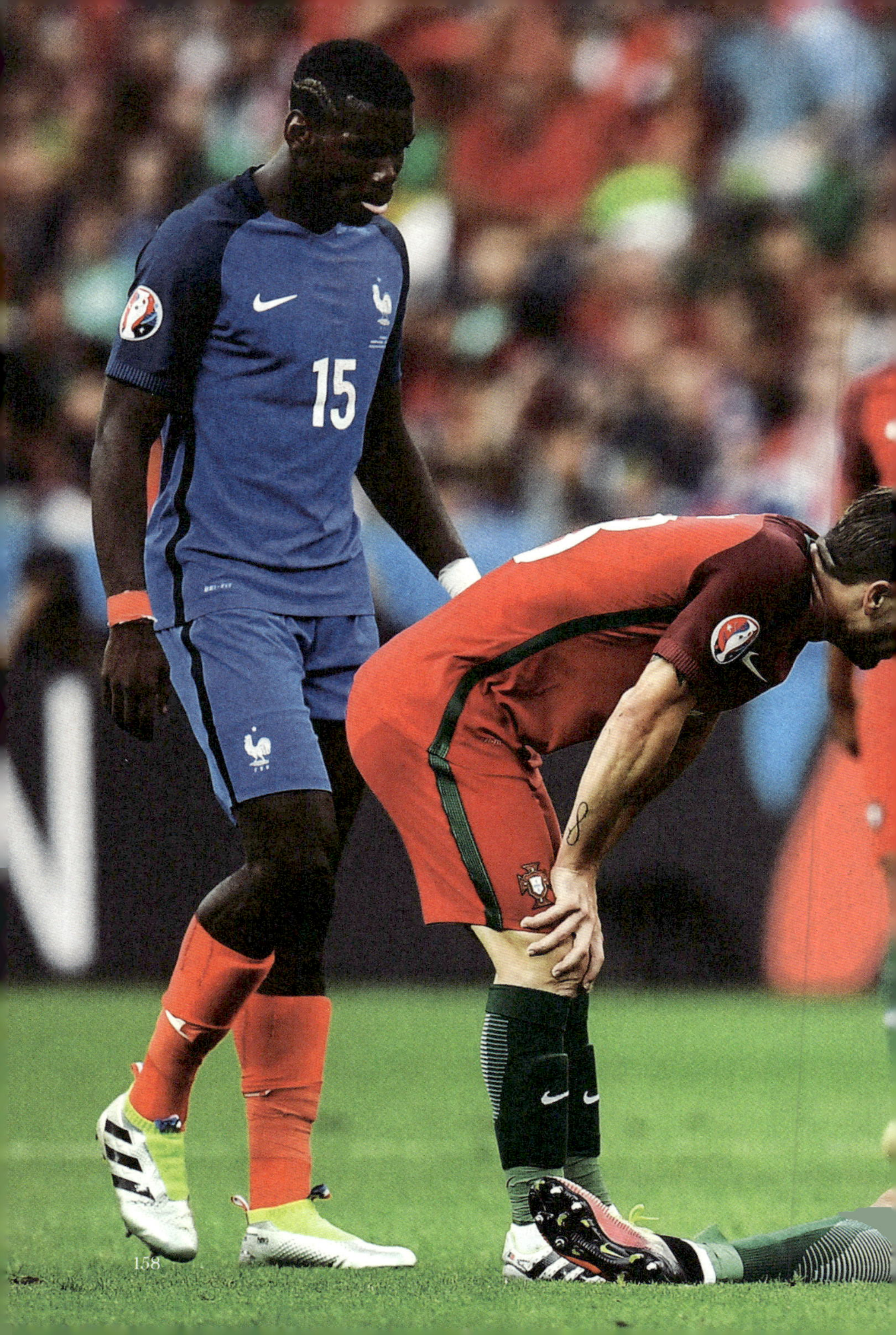

"蝴蝶"飞过沧海

　　2016年欧洲杯决赛,葡萄牙队对阵法国队。开场后不久,C罗遭遇凶狠防守后痛苦倒地。经过短暂的治疗之后,C罗重回赛场,但最终他还是无法坚持比赛,无奈地坐在地上。因为自己无法继续比赛,C罗流下了伤心的泪水。一只飞蛾此时恰好落在了C罗的眉宇间,这成为2016年欧洲杯经典的画面。这场决赛,葡萄牙队凭借埃德尔在加时赛的进球,以1∶0战胜东道主法国队。"蝴蝶"飞过沧海,葡萄牙队也终圆国际大赛的冠军梦。

160

黑豹"大四喜"

1966年世界杯1/4决赛,朝鲜队取得梦幻开局,其在25分钟内连进3球。随后,尤西比奥吹响了葡萄牙队反击的号角。他先是用垫射破门,随后又罚进点球。第56分钟,尤西比奥在小禁区前大力施射,上演帽子戏法,并将比分扳成3∶3。3分钟后,他又在左路独闯龙潭杀入禁区,朝鲜队只能无奈犯规。尤西比奥亲自主罚并命中点球,他完成"大四喜"的同时帮助葡萄牙队反超比分。这场比赛,葡萄牙队以5∶3完成惊天逆转,球队历史首次打进世界杯半决赛。

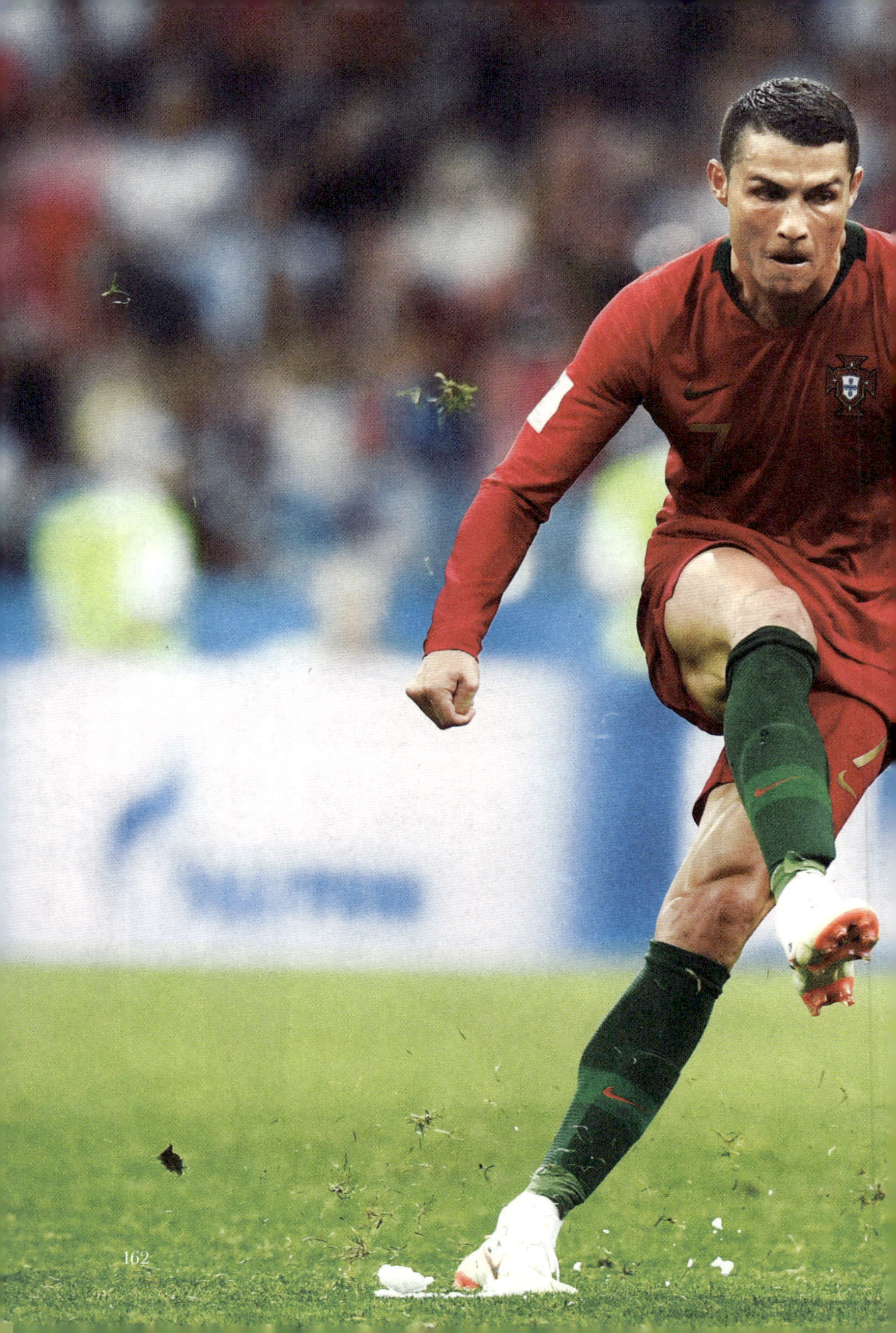

翩若惊鸿，婉若游龙

2018年世界杯小组赛，葡萄牙队对阵西班牙队。C罗在第4分钟制造点球，他亲自主罚命中，西班牙队扳平比分之后，C罗又在第44分钟远射得手。随后西班牙队在3分钟内连入两球反超比分。第88分钟，葡萄牙队获得前场任意球机会，C罗眼神坚毅，他不负众望，最终一击致命，帮助葡萄牙队扳平比分。这个进球被形容为"翩若惊鸿，婉若游龙"，成为世界杯的经典画面。

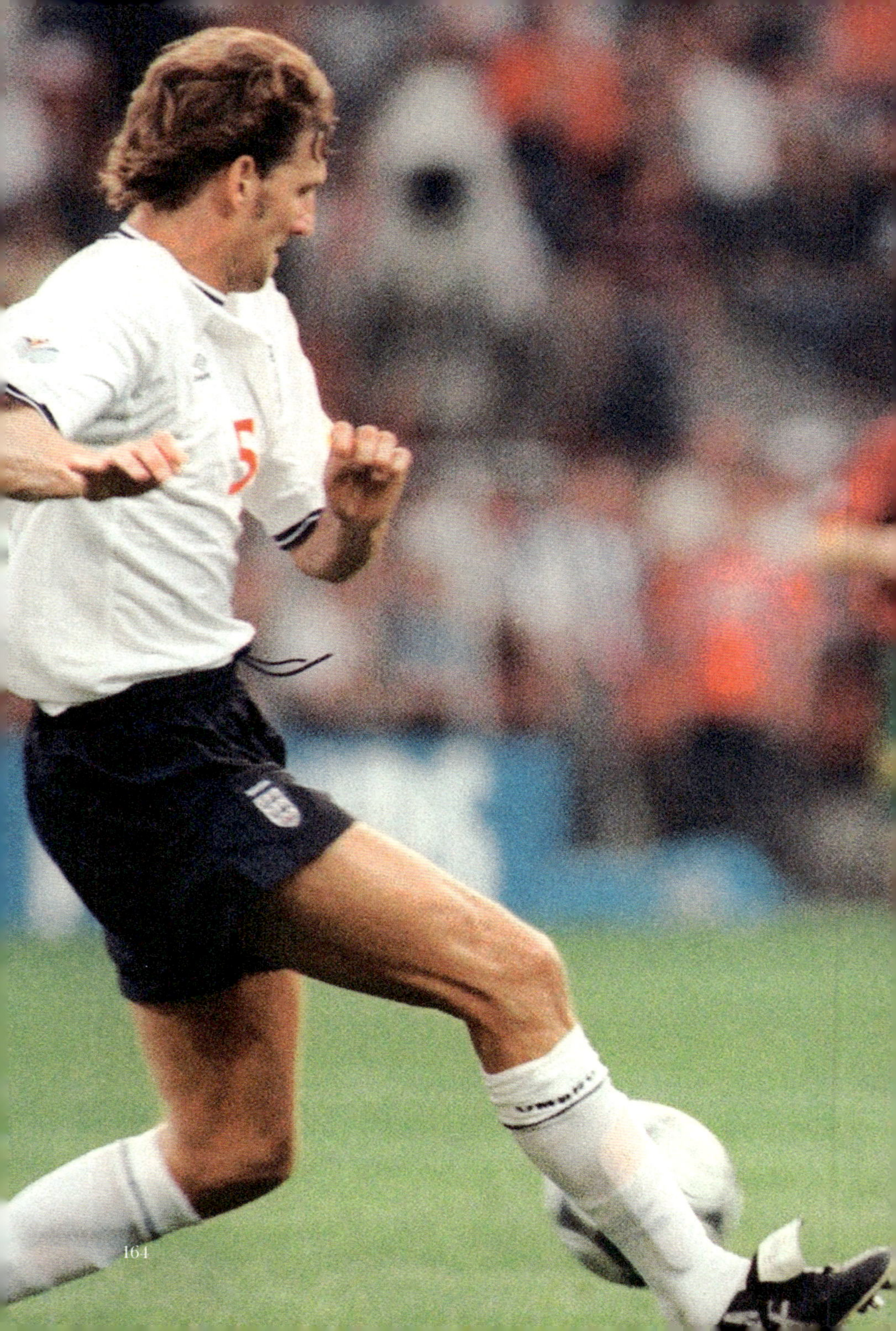

从0∶2到3∶2

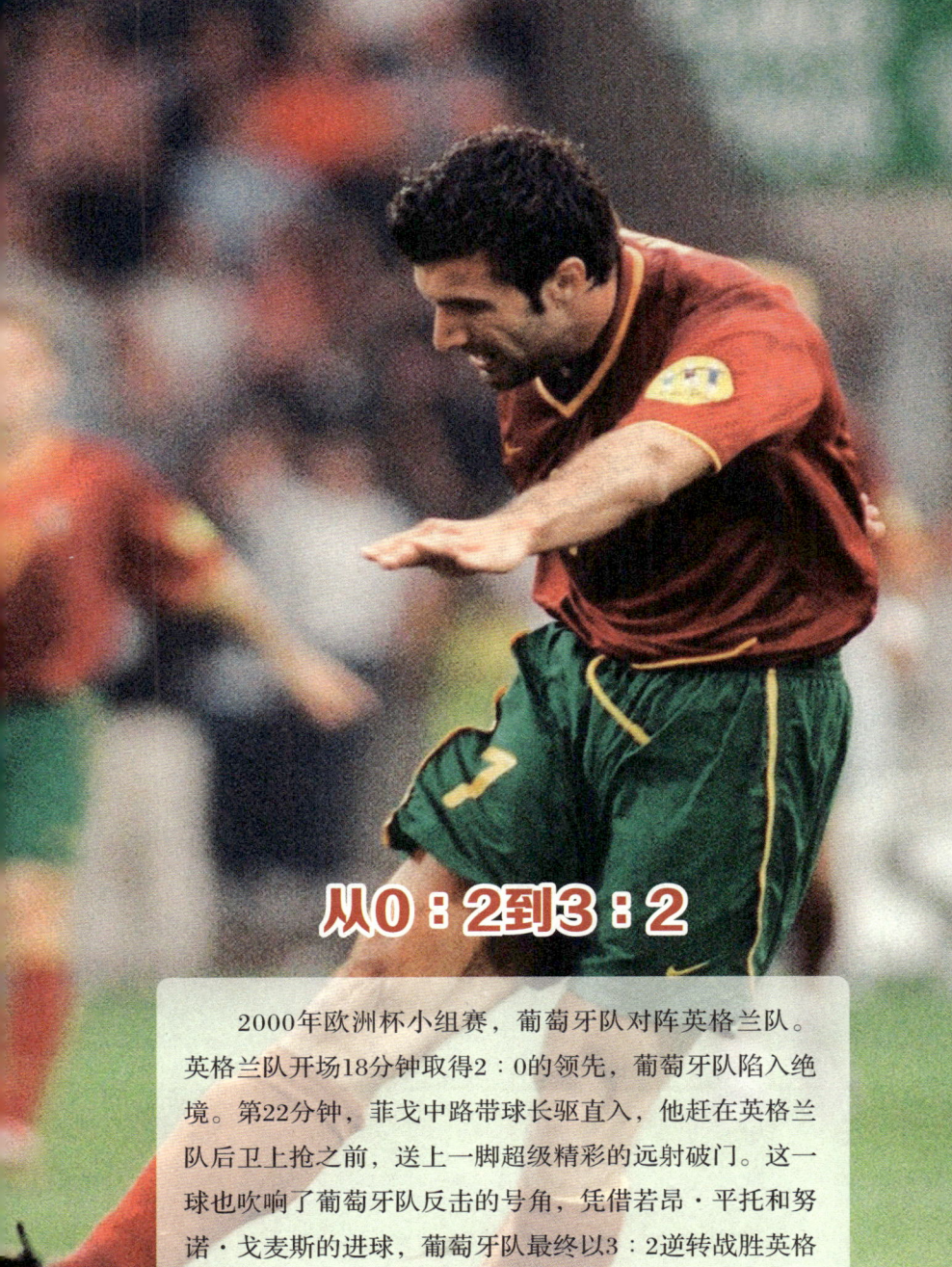

2000年欧洲杯小组赛,葡萄牙队对阵英格兰队。英格兰队开场18分钟取得2∶0的领先,葡萄牙队陷入绝境。第22分钟,菲戈中路带球长驱直入,他赶在英格兰队后卫上抢之前,送上一脚超级精彩的远射破门。这一球也吹响了葡萄牙队反击的号角,凭借若昂·平托和努诺·戈麦斯的进球,葡萄牙队最终以3∶2逆转战胜英格兰队。

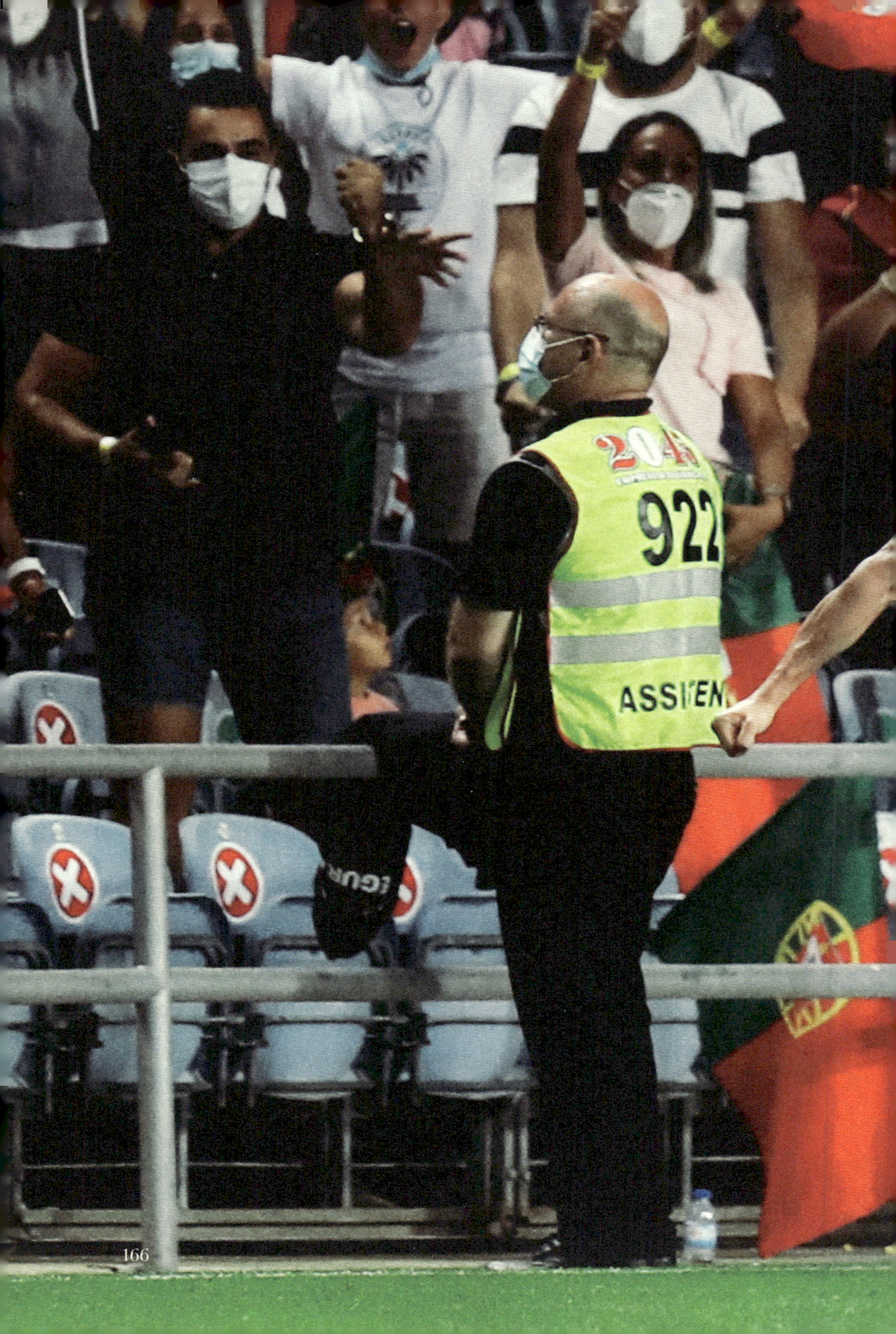
922

国家队射手王

2021年9月1日，2022年世界杯预选赛，葡萄牙队迎战爱尔兰队。C罗在上半场罚丢点球，爱尔兰队凭借约翰·埃根的进球，取得1:0的领先。第89分钟和伤停补时第6分钟，C罗完成自我救赎，他两度头球破门，帮助葡萄牙队实现极限逆转。两次破门得手后，C罗的国家队进球数达到了惊人的111球。自此，C罗超越伊朗队名宿阿里·代伊（109球），成为世界男足国家队历史第一射手。

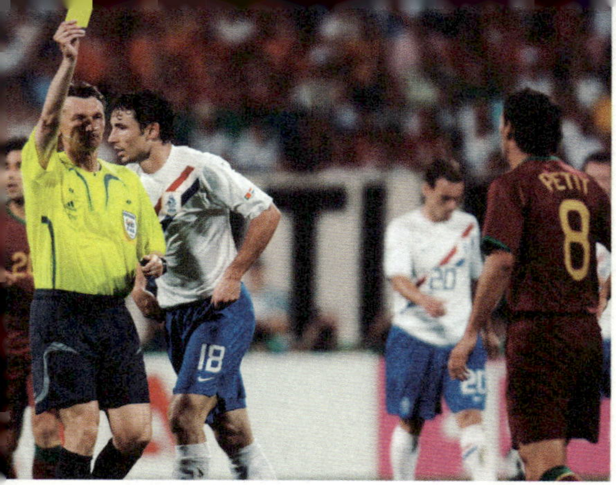
PETIT
8
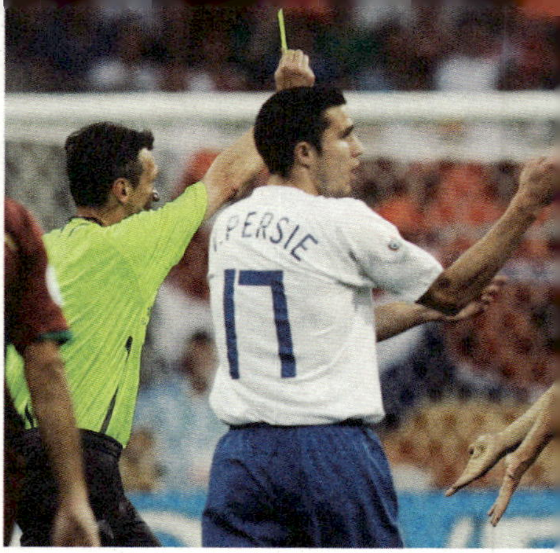
PERSIE
17
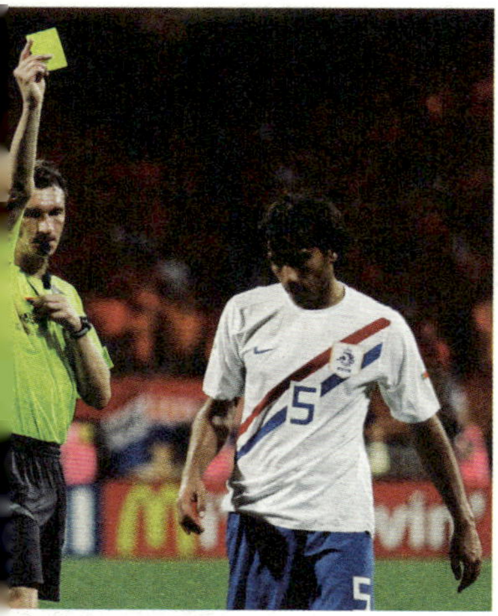
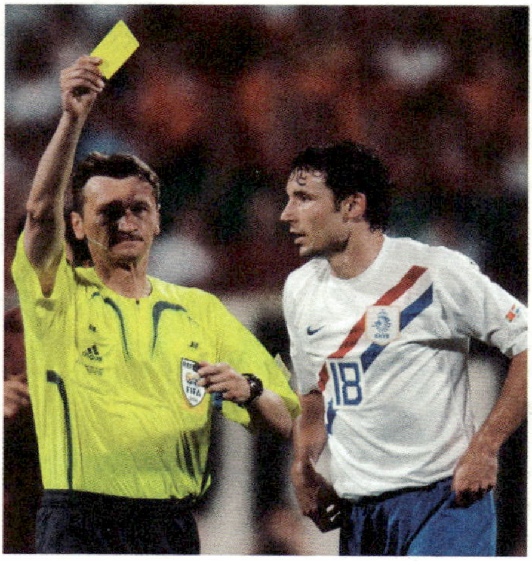
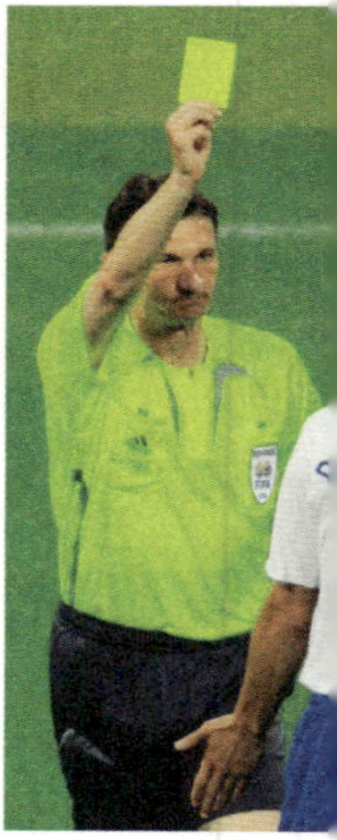
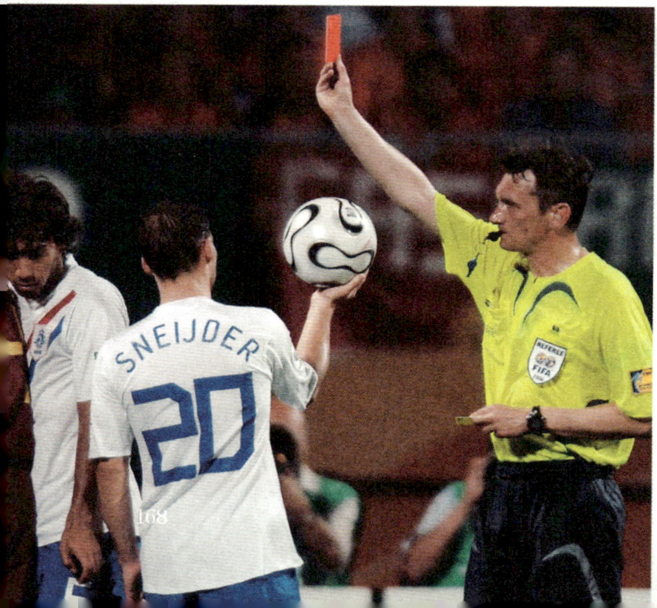
SNEIJDER
20
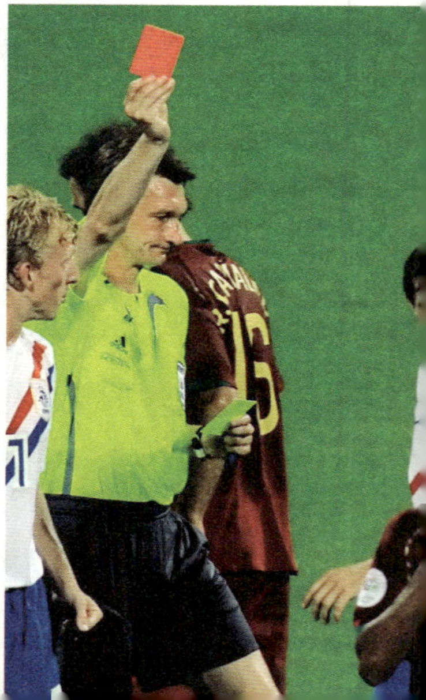

16黄4红"大乱斗"

　　2006年世界杯1/8决赛，葡萄牙队与荷兰队上演了一场"狂野大乱斗"。马克·范博梅尔开局第3分钟就放倒C罗，被裁判黄牌警告。随后场上的火药味越来越浓，两队球员的动作也越来越大。当值主裁判最终出示了4张红牌和16张黄牌，两队各有两人被罚下。这场比赛最终以葡萄牙队1：0险胜结束，比赛中出现的16张黄牌，也创造了世界杯单场比赛黄牌纪录。这个纪录在2022年卡塔尔世界杯上被打破，荷兰队和阿根廷队的比赛中出现了18张黄牌。

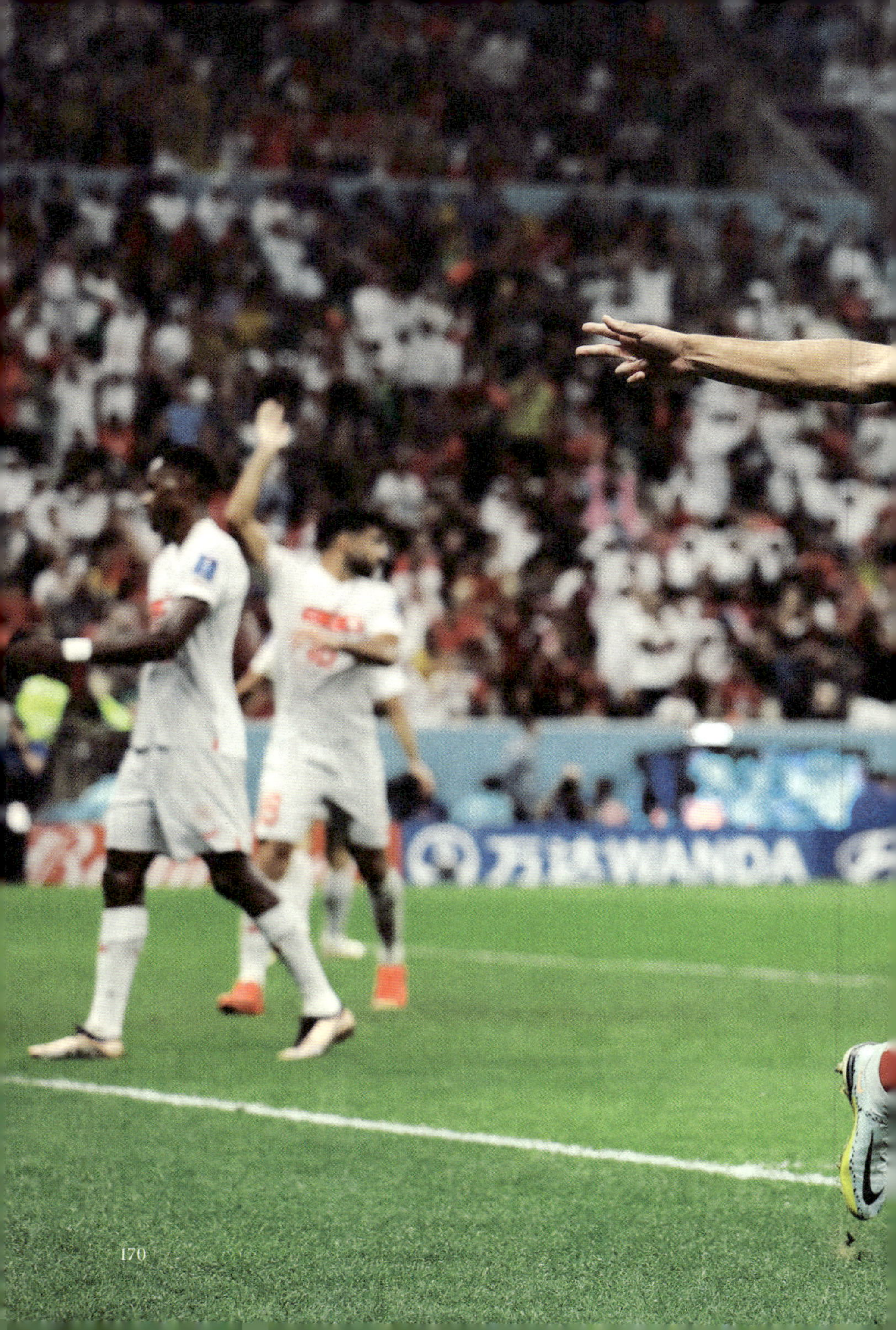
WANDA

一战成名

2022年世界杯1/8决赛，葡萄牙队6∶1狂胜瑞士队。此役，年仅21岁的贡萨洛·拉莫斯演绎了一出一战成名的好戏。他在本场比赛的第17分钟、第51分钟和第67分钟分别进球，完成了2022年世界杯的第一个帽子戏法，帮助葡萄牙队彻底摧毁瑞士队的防线。这位小将横空出世，首次在世界杯中首发就完成帽子戏法。这也是自1990年以来，首次在世界杯淘汰赛中出现帽子戏法。

王者对决

1966年世界杯，葡萄牙队迎来世界杯首秀。其在小组赛中迎战巴西队，尤西比奥和贝利上演了一场王者对决。这场比赛，尤西比奥梅开二度，帮助葡萄牙队以3∶1完胜巴西队。在这个实力强劲的小组中，葡萄牙队一骑绝尘，以3连胜取得小组第一名昂首出线。巴西队却表现低迷，接连输给了匈牙利队和葡萄牙队，最终仅排名小组第三，无缘淘汰赛。

逆天改命

2014年世界杯预选赛附加赛，葡萄牙队与瑞典队直接交锋，C罗直接对战伊布拉希莫维奇。首回合较量，葡萄牙队1∶0战胜瑞典队，C罗完成进球。次回合比赛，C罗成为主宰者，他完成帽子戏法，帮助球队3∶2战胜瑞典队。两回合打入4球，C罗凭借一己之力将葡萄牙队带进了2014年世界杯正赛。在媒体的评价中，C罗在这场比赛的表现被评价为：逆天改命，天神下凡！

惺惺相惜

2006年世界杯半决赛，法国队凭借齐达内的点球，以1：0淘汰葡萄牙队。这场失利，也宣告以菲戈为代表的葡萄牙队"黄金一代"彻底告别历史舞台。"黄金一代"在2004年欧洲杯和2006年世界杯这两届国际大赛中，都无限接近冠军奖杯，但最终功亏一篑。裁判的终场哨声响起之后，齐内丁·齐达内与菲戈动情拥抱，两位传奇无论是在俱乐部的赛场还是国家队的舞台，都有着无数的合作和竞争。当告别时刻来临之时，两人也是惺惺相惜。

"葡韩恩怨"

2002年世界杯小组赛末轮,葡萄牙队迎战韩国队。比赛第27分钟,若昂·平托就被红牌罚下。下半场比赛,裁判再次出现争议判罚,贝托被裁判出示第二张黄牌,也被红牌罚下。葡萄牙队陷入只能以9人应战的绝境。第70分钟,朴智星帮助韩国队取得1∶0的领先。最终葡萄牙队遗憾败北,无缘淘汰赛。这场充满争议的比赛,也让葡萄牙队和韩国队之间结下恩怨。

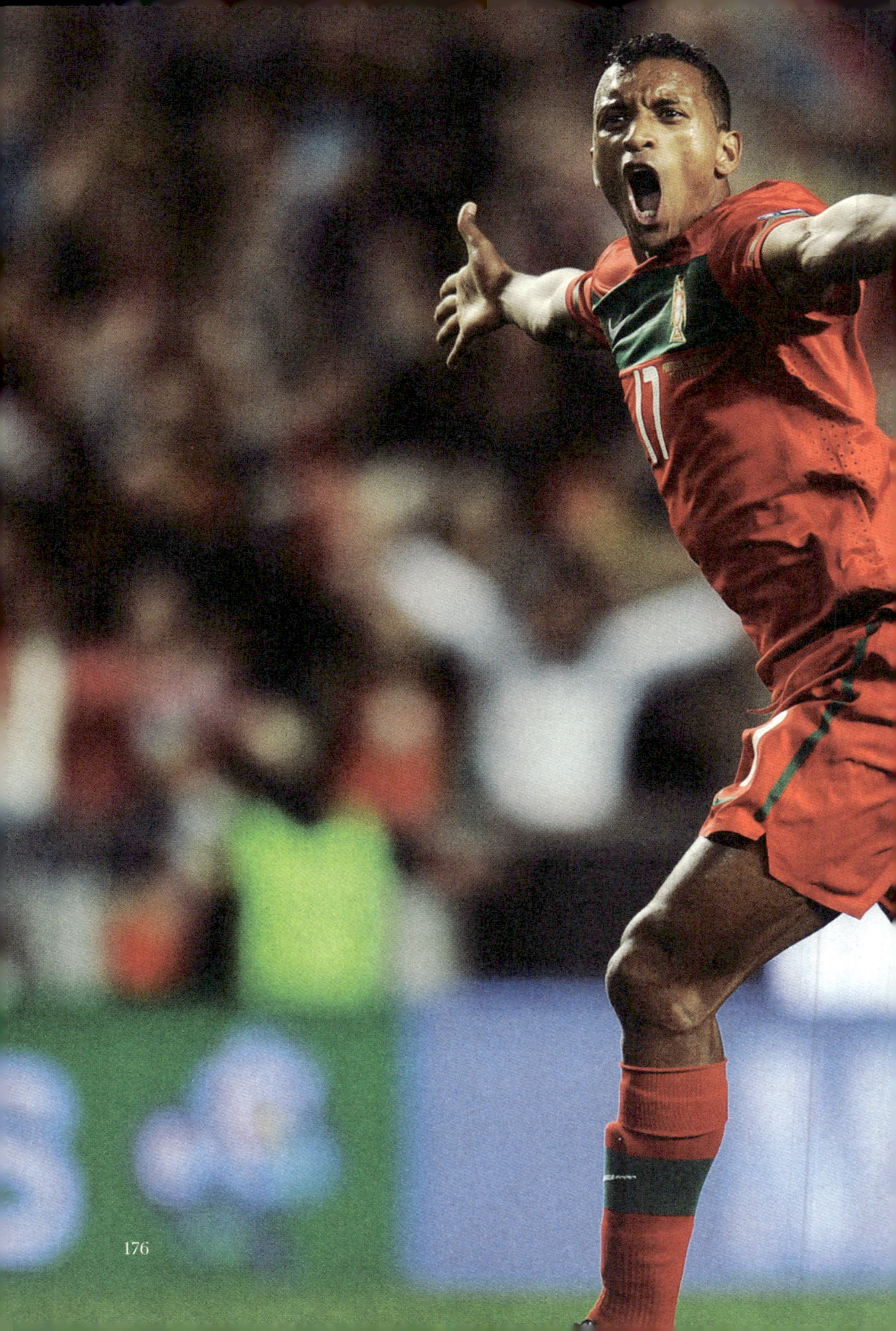

星光璀璨

姓名：纳尼

出生日期：1986年11月17日

主要球衣号码：32号、19号、16号、7号、17号

国家队数据：112场24球

天才"飞翼"

作为C罗在葡萄牙队和曼联队的队友，纳尼因为所处的位置相同、踢法相似，长期以来都被视为第二个C罗，这给他带来了很大的压力。2016年欧洲杯，纳尼终于证明了自己，他成为C罗在前锋线上最好的搭档。尤其是在决赛，在C罗因伤离场之后，纳尼戴上了队长袖标，带领队友抵挡住了法国队的进攻，并且等到了属于葡萄牙队的荣耀时刻。那一刻，纳尼证明了自己不是第二个C罗，而是唯一的纳尼。

姓名：保罗·富特雷

出生日期：1966年2月28日

主要球衣号码：10号、16号

国家队数据：44场7球

葡萄牙边锋的"开山鼻祖"

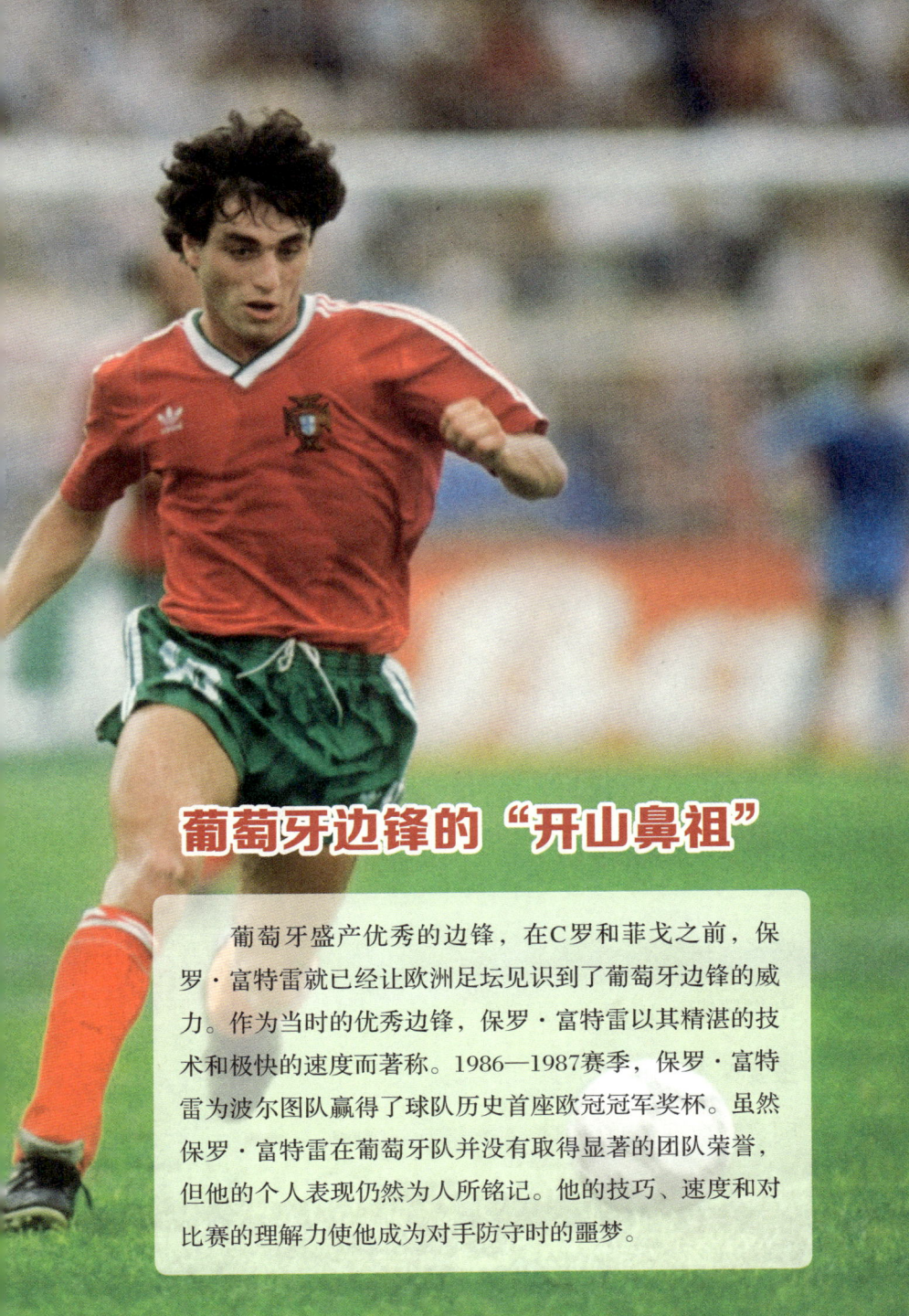

葡萄牙盛产优秀的边锋，在C罗和菲戈之前，保罗·富特雷就已经让欧洲足坛见识到了葡萄牙边锋的威力。作为当时的优秀边锋，保罗·富特雷以其精湛的技术和极快的速度而著称。1986—1987赛季，保罗·富特雷为波尔图队赢得了球队历史首座欧冠冠军奖杯。虽然保罗·富特雷在葡萄牙队并没有取得显著的团队荣誉，但他的个人表现仍然为人所铭记。他的技巧、速度和对比赛的理解力使他成为对手防守时的噩梦。

姓名：拉斐尔·莱奥

出生日期：1999年6月10日

主要球衣号码：15号、17号

国家队数据：24场4球

这是天才

怎样形容莱奥？绝对意义的天才球员。无论是在葡萄牙队还是在AC米兰队，莱奥展现出来的都是让人羡慕的天赋，以及让人眼花缭乱的脚下技术。当然对于莱奥来说，马上25岁的他也即将进入足球运动员的黄金年龄。其实对于葡萄牙队和AC米兰队的球迷来说，他们希望拥有一个更好的莱奥，一个更加出色的莱奥。2024年欧洲杯结束之后，C罗或许就会退出葡萄牙队，而在那个时刻，莱奥能成为葡萄牙队的新核心吗？显然，目前的莱奥还不行。但是天才球员，总会有闪耀的那一天，让我们拭目以待。

姓名：保罗·本托

出生日期：1969年6月20日

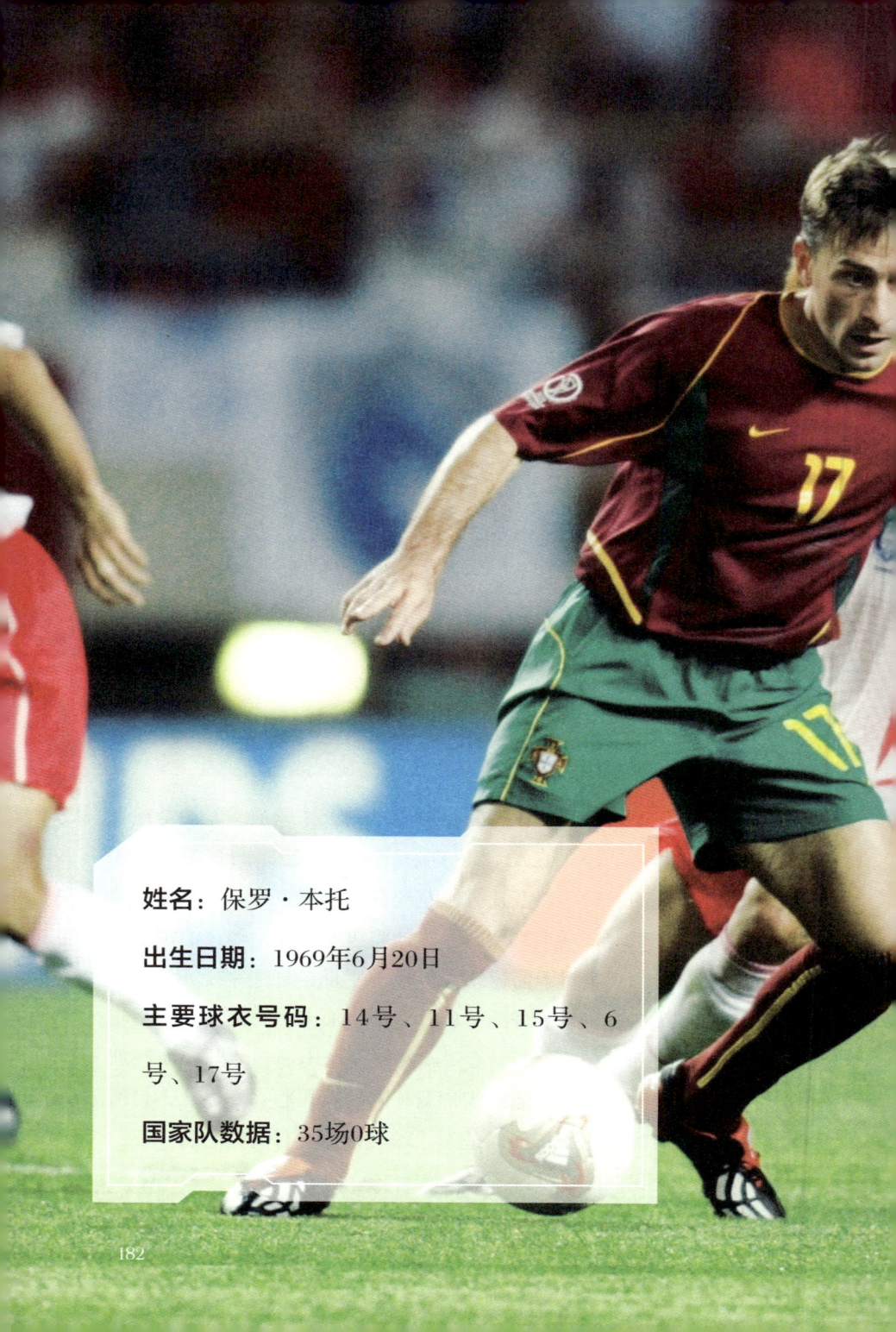

主要球衣号码：14号、11号、15号、6号、17号

国家队数据：35场0球

凶狠的清道夫

　　球员时代，保罗·本托是葡萄牙队"黄金一代"的成员，他因抢截凶狠、铲球果断，成为葡萄牙队中场不可逾越的屏障。退役之后，保罗·本托开始担任教练，2012年，当保罗·本托接手葡萄牙队的时候，外界对其寄予厚望，认为这位在葡萄牙联赛有过成功经验的教练，可以帮助C罗为葡萄牙队带来佳绩。然而，这位球员时代有过耀眼光辉的葡萄牙队传奇，却并未将外界的希望变为现实。

姓名：马里奥·科鲁纳

出生日期：1935年8月6日

主要球衣号码：10号、7号

国家队数据：57场8球

初代偶像

  作为尤西比奥的偶像，马里奥·科鲁纳可以说是葡萄牙足球历史上的第一位球星。马里奥·科鲁纳出生于1935年，不到20岁的年纪就从当时还隶属于葡萄牙的莫桑比克来到了葡萄牙，他在本菲卡队迅速展现了自己作为中场球员的技术和领导能力。整个职业生涯，马里奥·科鲁纳获得10次葡萄牙国内联赛冠军和2次欧冠冠军。凭借这样的表现，马里奥·科鲁纳多次入选葡萄牙队，并且帮助葡萄牙队在1966年世界杯获得季军。

姓名：努诺·戈麦斯

出生日期：1976年7月5日

主要球衣号码：18号、8号、17号、14号、21号

国家队数据：79场29球

一代"神锋"

2000年欧洲杯，努诺·戈麦斯一共打入4球，仅次于打进5球的萨沃·米洛舍维奇和帕特里克·克鲁伊维特。1/4决赛，努诺·戈麦斯梅开二度，帮助葡萄牙队击败了土耳其队。半决赛，努诺·戈麦斯也为葡萄牙队率先破门，可惜没能帮助球队战胜法国队。2000年欧洲杯是努诺·戈麦斯在葡萄牙队表现最好的一届国际大赛，但葡萄牙队没能在他的带领下创造奇迹。努诺·戈麦斯在葡萄牙队缔造了无数的经典瞬间，成为葡萄牙队的一代"神锋"。

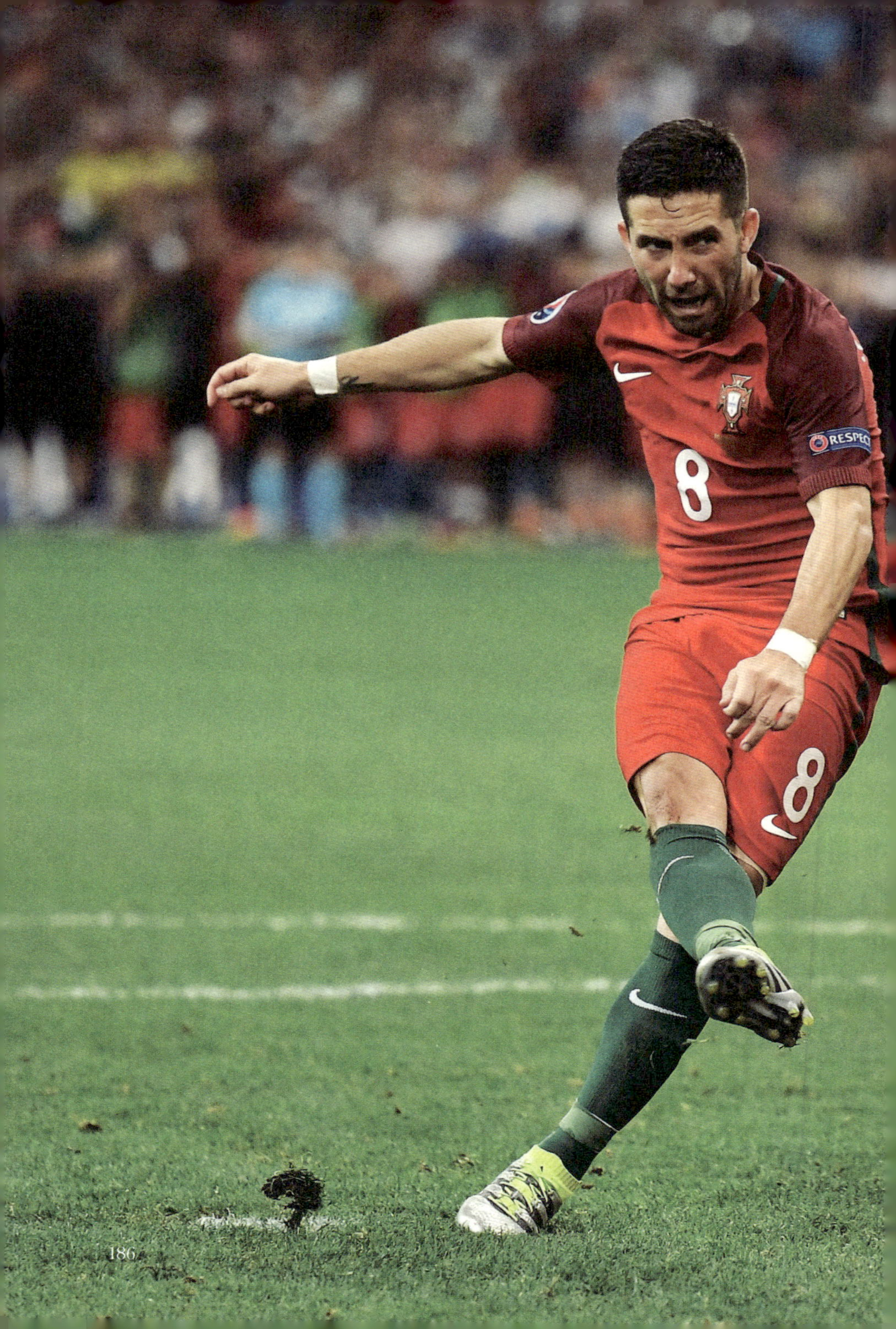

姓名：若昂·穆蒂尼奥

出生日期：1986年9月8日

主要球衣号码：36号、28号、15号、10号、8号

国家队数据：146场7球

勤勉球员的代表

作为一名中场球员，穆蒂尼奥在葡萄牙队的职业生涯以勤勉和坚韧著称。他是除了C罗之外，为葡萄牙队出场次数最多的球员。截至2024年4月30日，穆蒂尼奥为葡萄牙队出战146场，考虑到其职业生涯还未结束，这一数字仍有继续提升的可能。穆蒂尼奥在2005年就完成了在葡萄牙队的首秀，是为数不多的与菲戈、C罗两代葡萄牙队领袖都有过并肩作战经历的葡萄牙队球员。虽然穆蒂尼奥缺乏顶级的对抗和奔跑能力，但他依靠细腻的技术和出色的大局观，还是在葡萄牙队的历史上写下了绵延十几载的辉煌篇章。

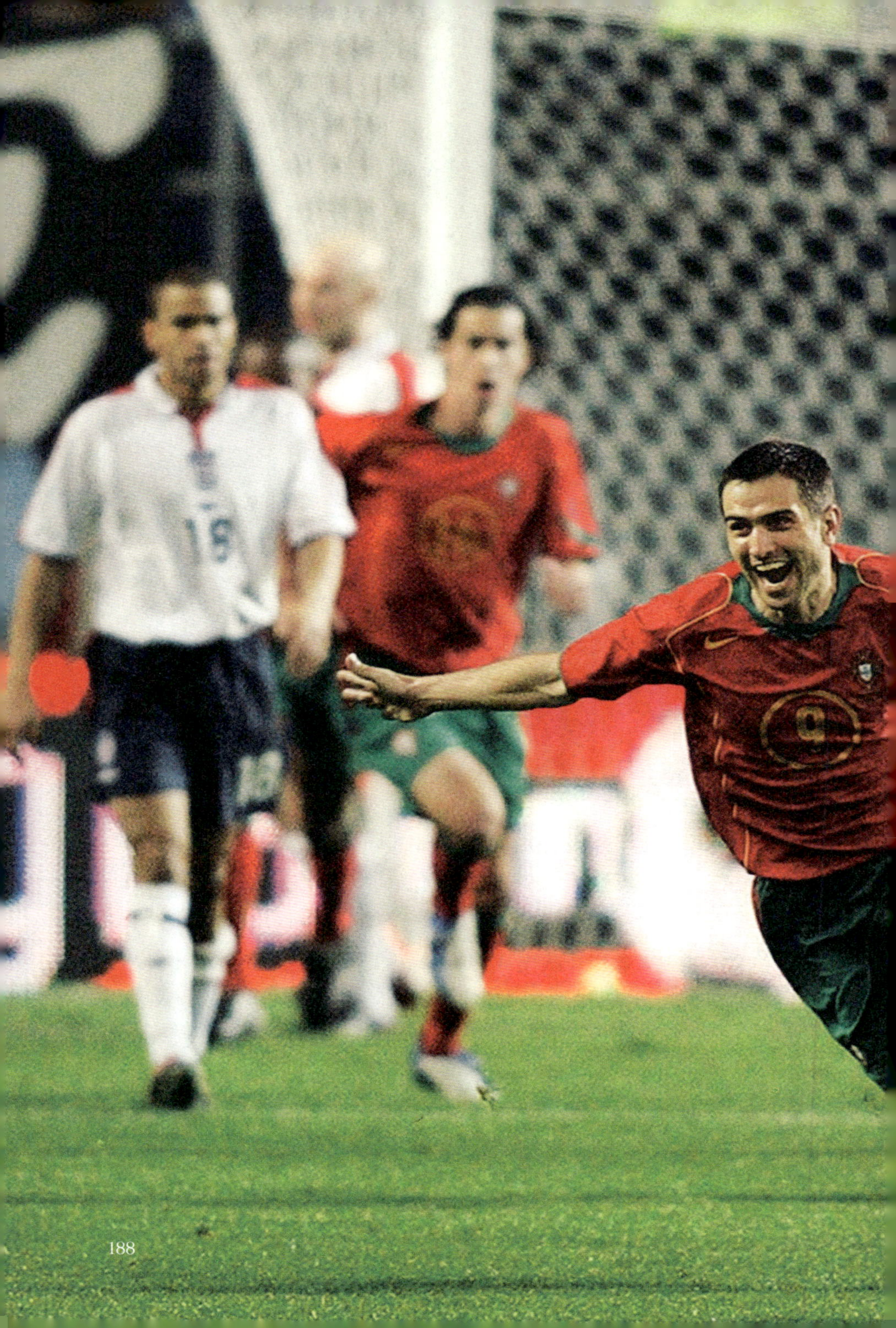

姓名：保莱塔

出生日期：1973年4月28日

主要球衣号码：17号、16号、18号、9号

国家队数据：88场47球

法甲"神锋"

和大多数葡萄牙队球员出自葡萄牙足球超级联赛三大豪门球队，并打出名堂不同的是，保莱塔在非常年轻的时候就前往西班牙联赛踢球，并帮助拉科鲁尼亚队夺得联赛冠军。2000年，保莱塔加盟法国的波尔多队。他为球队出战130场比赛，打入91球，展现了自己高超的进球效率，先后3次获得法国足球甲级联赛最佳射手的荣誉。在葡萄牙队，保莱塔是当仁不让的首发中锋，他打入47球，一度排在葡萄牙队历史射手榜榜首，直到C罗改写了这个数字。

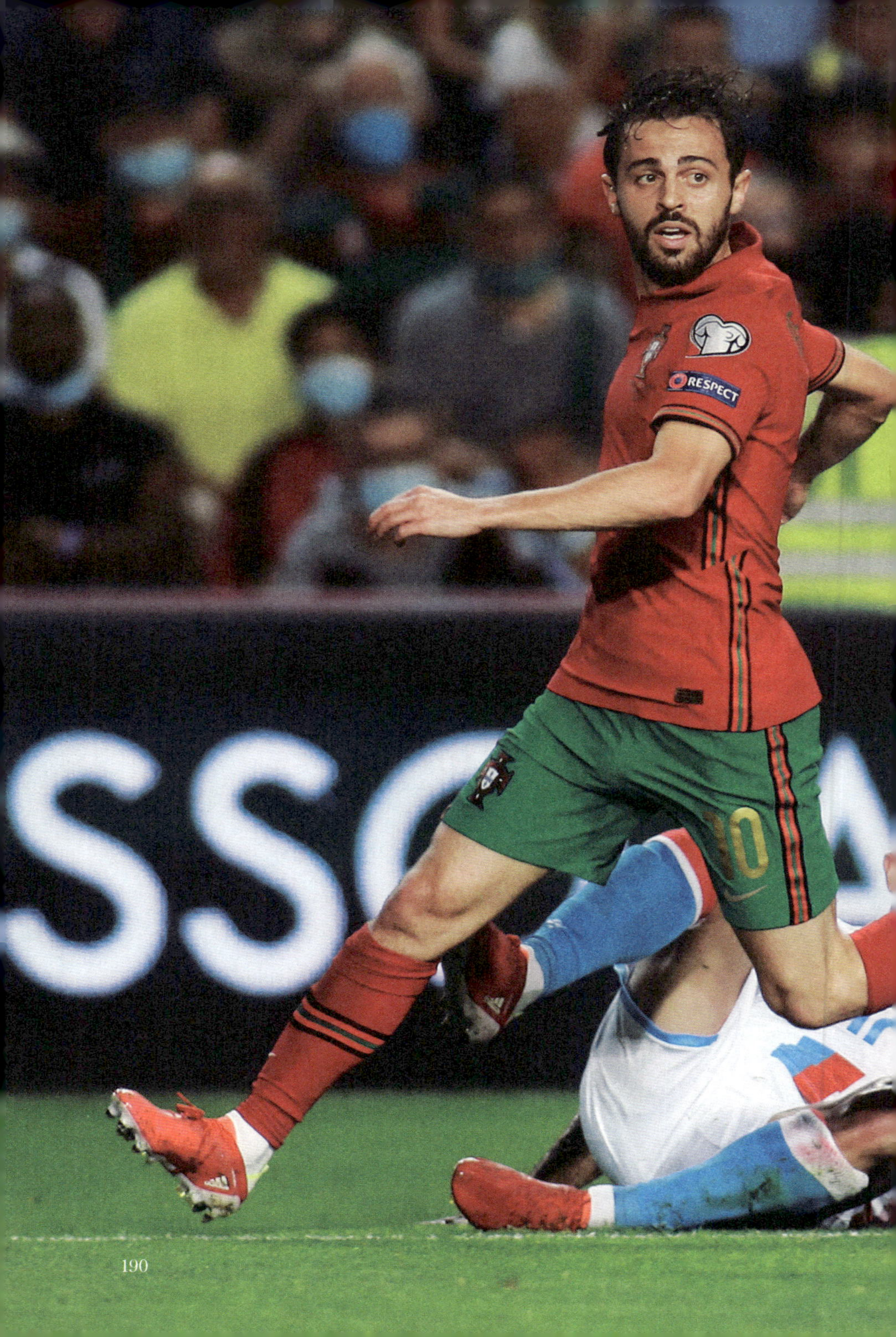
RESPECT

姓名：贝尔纳多·席尔瓦

出生日期：1994年8月10日日

主要球衣号码：15号、20号、11号、10号

国家队数据：88场11球

错失冠军

　　2015年3月，贝尔纳多·席尔瓦上演了葡萄牙队首秀，当时的他年轻有为、大有前途。不过在2016年欧洲杯，B席因伤落选葡萄牙队大名单，错过了葡萄牙队历史最高光的一刻。对于B席来说，他还有机会和队友去再次获得国际大赛的冠军。在俱乐部赛场，2017年B席加盟了英超的曼城队，为曼城队立下汗马功劳，赢得冠军荣誉无数，包括欧冠冠军这样的重量级荣耀。

姓名：里卡多·夸雷斯马

出生日期：1983年9月26日

主要球衣号码：27号、17号、18号、9号、7号、19号、10号、20号

国家队数据：80场10球

外脚背天才

　　他是C罗少年时期最好的玩伴，同样天赋异禀。在2003年夏天，夸雷斯马和C罗同时离开葡萄牙，加盟欧洲豪门球队。虽然不能像C罗那样大红大紫，但是夸雷斯马无论是在巴萨队、国际米兰队，还是在切尔西队都留下了不错的表现。夸雷斯马更是拥有着自己的绝技——外脚背射门，这让他获得了不少球迷的追捧。

姓名：若昂·费利克斯

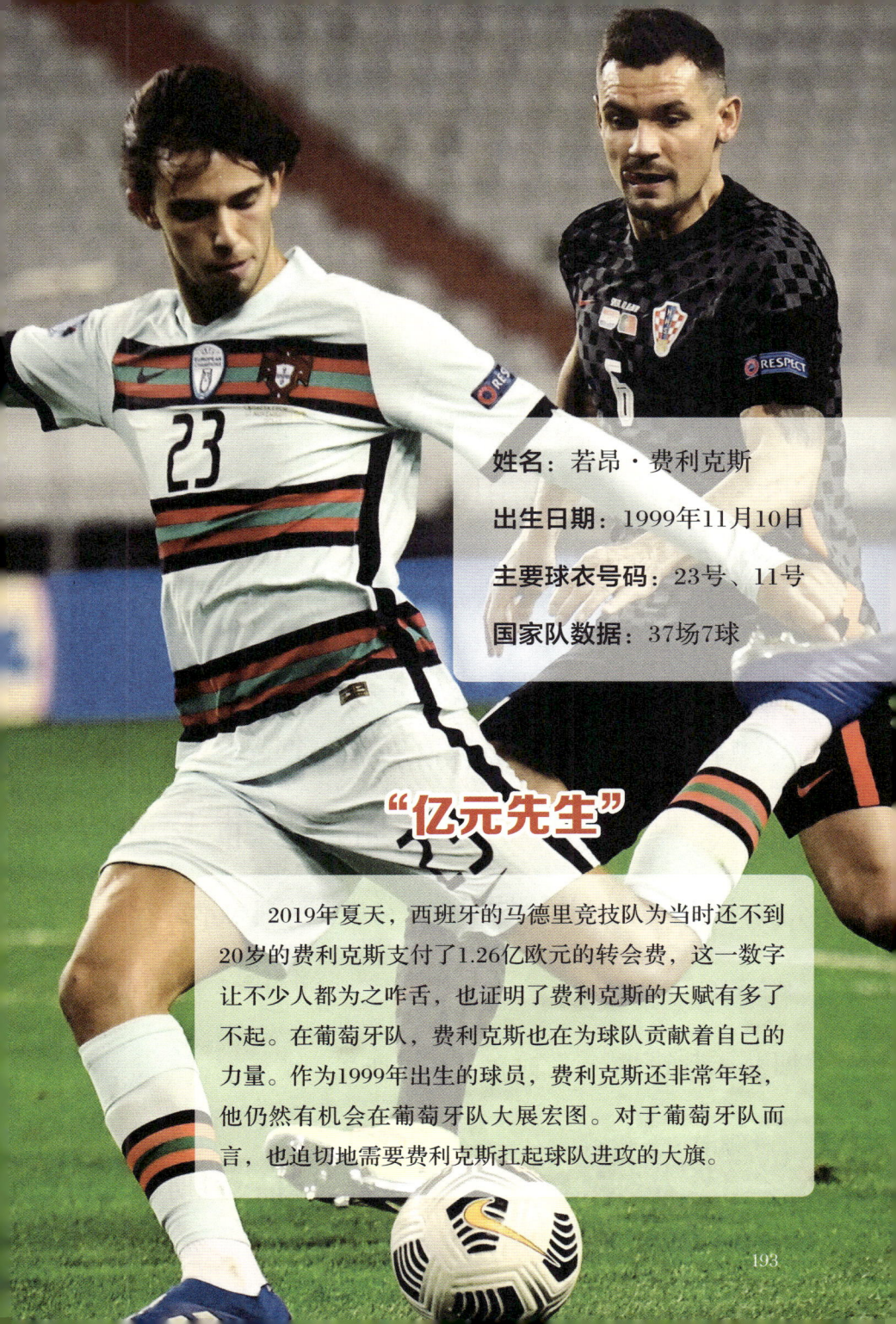

出生日期：1999年11月10日

主要球衣号码：23号、11号

国家队数据：37场7球

"亿元先生"

2019年夏天，西班牙的马德里竞技队为当时还不到20岁的费利克斯支付了1.26亿欧元的转会费，这一数字让不少人都为之咋舌，也证明了费利克斯的天赋有多了不起。在葡萄牙队，费利克斯也在为球队贡献着自己的力量。作为1999年出生的球员，费利克斯还非常年轻，他仍然有机会在葡萄牙队大展宏图。对于葡萄牙队而言，也迫切地需要费利克斯扛起球队进攻的大旗。

亚历山大·巴普蒂斯塔　　　塞德里克·苏亚雷斯

鲁伊·帕特里西奥

佩佩、若泽·丰特　　　　拉斐尔·格雷罗

埃德尔　　阿德里安·席尔瓦

雷纳托·桑谢斯

贝尔纳多·席尔瓦

若昂·穆蒂尼奥　　若昂·马里奥　　纳尼

里卡多·夸雷斯马　　克里斯蒂亚诺·罗纳尔多

鲁本·迪亚斯　　内尔松·塞梅多

布鲁诺·费尔南德斯

鲁本·内维斯

威廉·卡瓦略

若昂·费利克斯　　贡萨洛·格德斯　　何塞·佩雷拉

亨里克·伊拉里奥　　　　路易斯·菲戈

阿尔贝托·费斯塔　　马里奥·科鲁纳

安东尼奥·西蒙斯　　尤西比奥　　海梅·格拉萨

里卡多

何塞·托雷斯　　何塞·奥古斯托

努诺·瓦伦特　　努诺·戈麦斯

里卡多·科斯塔

费尔南多·梅拉   科斯蒂尼亚
　　　保罗·费雷拉   阿尔曼多·佩蒂特
马尼切   西芒   德科   法比奥·科恩特朗
　　　　　　　保莱塔
保罗·索萨   维托尔·拜亚   米格尔
埃尔德·波斯蒂加   若昂·平托   费尔南多·科托
　罗伯托·塞维罗   布鲁诺·阿尔维斯
达尼洛·佩雷拉   塞尔吉奥·康西卡奥
费尔南多·佩罗特奥   鲁伊·若尔当   迪奥戈·若塔
安德烈·席尔瓦   　　　　　乌戈·阿尔梅达
　　　　　塔马格尼尼·内内
　　　　　　　　　拉斐尔·莱奥
贡萨洛·拉莫斯
　　　马修斯·努内斯
布鲁马   　　　　若昂·坎塞洛
　　　保罗·雷纳托
　　　　　　　迪奥戈·科斯塔
安东尼奥·席尔瓦
　　　贡萨洛·伊纳西奥   努诺·门德斯
迪奥戈·莱特
　　　　　　　马里奥·鲁伊

最佳阵容

主力阵容（"433"阵形）

门将：维托尔·拜亚

后卫：法比奥·科恩特朗、里卡多·卡瓦略、佩佩、米格尔

中场：路易斯·菲戈、保罗·索萨、德科

前锋：尤西比奥、保莱塔、克里斯蒂亚诺·罗纳尔多

替补阵容（"433"阵形）

门将：鲁伊·帕特里西奥

后卫：拉斐尔·格雷罗、费尔南多·科托、罗伯托·塞维罗、若昂·平托（1961年出生）

中场：纳尼、马里奥·科鲁纳、鲁伊·科斯塔、保罗·富特雷

前锋：努诺·戈麦斯、埃尔德·波斯蒂加

注：以上阵容通过多方数据参考得出，具有主观性，仅供阅读。

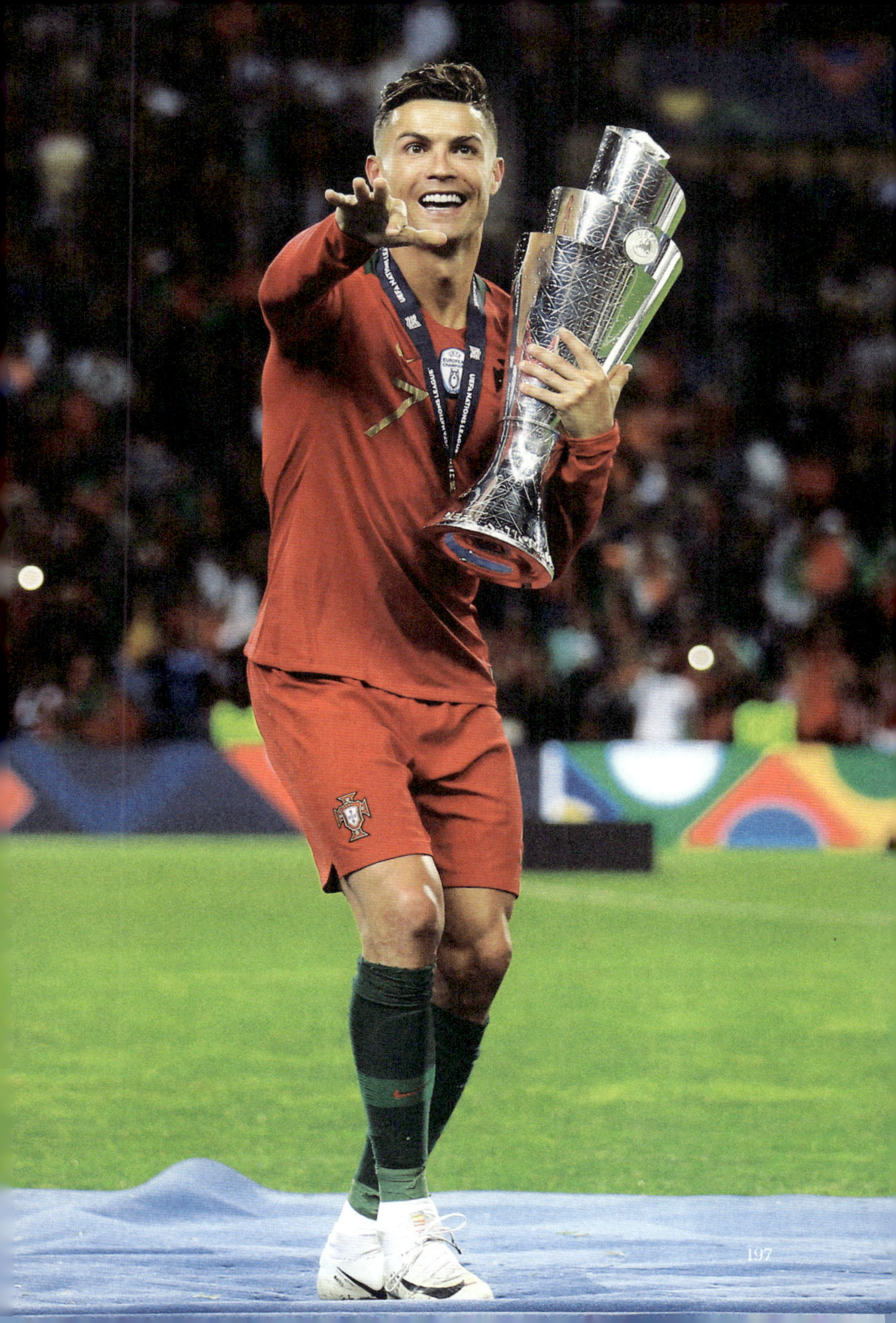

历任主帅及战绩

姓名	国家地区	上任时间	离任时间	执教总场数	执教胜场数	执教平局场数	执教负场数
罗伯托·马丁内斯	西班牙	2023年1月9日	–	12	11	0	1
费尔南多·桑托斯	葡萄牙	2014年9月23日	2022年12月15日	109	68	21	20
保罗·本托	葡萄牙	2010年9月20日	2014年9月11日	47	26	11	10
卡洛斯·奎罗斯	葡萄牙	2008年7月11日	2010年9月9日	28	15	9	4
路易斯·费利佩·斯科拉里	巴西	2007年11月23日	2008年6月30日	7	3	0	4
路易斯·费利佩·斯科拉里	巴西	2002年11月28日	2007年9月19日	63	38	15	10
安东尼奥·奥利维拉	葡萄牙	2000年8月1日	2002年6月30日	22	13	5	4
温贝托·科埃略	葡萄牙	1998年1月1日	2000年6月30日	24	16	4	4
亚瑟·豪尔赫	葡萄牙	1996年7月1日	1997年10月12日	12	5	5	2
安东尼奥·奥利维拉	葡萄牙	1995年1月11日	1996年6月30日	18	9	5	4
内洛·文加达	葡萄牙	1993年12月14日	1994年6月30日	2	0	2	0
卡洛斯·奎罗斯	葡萄牙	1991年8月1日	1993年7月31日	19	7	8	4
亚瑟·豪尔赫	葡萄牙	1990年7月1日	1991年2月21日	8	4	3	1
祖卡	葡萄牙	1987年9月23日	1989年11月15日	17	8	5	4
鲁伊·西布拉	葡萄牙	1986年10月12日	1987年3月29日	6	1	4	1
何塞·托雷斯	葡萄牙	1984年7月1日	1986年6月30日	17	8	1	8
费尔南多·卡布里塔	葡萄牙	1983年7月1日	1984年6月30日	9	5	2	2
奥托·格洛里亚	巴西	1981年2月1日	1983年6月30日	7	3	1	3
祖卡	葡萄牙	1980年9月24日	1982年9月22日	18	6	3	9
马里奥·威尔逊	葡萄牙	1978年9月1日	1980年3月30日	10	5	2	3
祖卡	葡萄牙	1977年3月30日	1978年9月20日	5	3	1	1
何塞·马利亚·佩德罗托	葡萄牙	1974年3月1日	1976年12月31日	15	6	4	5
何塞·奥古斯托	葡萄牙	1972年3月29日	1973年11月14日	15	9	4	2
何塞·戈麦斯·达席尔瓦	葡萄牙	1970年5月8日	1971年11月22日	7	3	1	3

续表

姓名	国家地区	上任时间	离任时间	执教总场数	执教胜场数	执教平局场数	执教负场数
何塞·马利亚·安图内斯	葡萄牙	1968年6月30日	1969年12月10日	9	1	3	5
何塞·戈麦斯·达席尔瓦	葡萄牙	1967年3月25日	1967年12月18日	6	2	3	1
奥托·格洛里亚	巴西	1964年7月1日	1966年12月31日	20	15	2	3
何塞·马利亚·安图内斯	葡萄牙	1962年11月7日	1964年6月7日	10	4	1	5
费尔南多·佩罗特奥	葡萄牙	1961年7月1日	1961年10月31日	2	0	0	2
何塞·马利亚·安图内斯	葡萄牙	1957年12月22日	1960年5月22日	12	4	0	8
塔瓦雷斯·达席尔瓦	葡萄牙	1955年1月1日	1957年6月30日	15	5	2	8
费尔南多·瓦斯	葡萄牙	1954年12月19日	1954年12月19日	1	0	0	1
坎迪多·德奥利维拉	葡萄牙	1952年4月19日	1952年12月15日	3	0	1	2
塔瓦雷斯·达席尔瓦	葡萄牙	1951年1月1日	1951年12月31日	4	0	1	3
阿尔曼多·桑帕约	葡萄牙	1948年7月1日	1949年6月30日	4	1	1	2
维尔吉利奥·保拉	葡萄牙	1947年3月15日	1948年5月31日	4	2	0	2
塔瓦雷斯·达席尔瓦	葡萄牙	1945年5月1日	1947年6月30日	8	3	1	4
坎迪多·德奥利维拉	葡萄牙	1935年5月4日	1945年3月12日	14	3	4	7
萨尔瓦多·多卡尔莫	葡萄牙	1932年5月1日	1933年4月30日	3	2	0	1
塔瓦雷斯·达席尔瓦	葡萄牙	1931年1月1日	1931年12月31日	2	1	0	1
林多·格里乔	葡萄牙	1930年1月1日	1930年12月31日	3	2	0	1
坎迪多·德奥利维拉	葡萄牙	1926年12月25日	1929年3月25日	13	3	5	5
安东尼奥·里贝罗·多斯雷斯	葡萄牙	1925年7月1日	1926年6月30日	2	0	1	1
安东尼奥·里贝罗·多斯雷斯	葡萄牙	1921年7月1日	1923年6月30日	1	0	0	1

历届大赛成绩

时间	赛事名称	举办地	最终排名	备注
世界杯	1930年	乌拉圭	-	未受邀参赛
世界杯	1934年	意大利	-	未晋级决赛圈
世界杯	1938年	法国	-	未晋级决赛圈
世界杯	1950年	巴西	-	未晋级决赛圈
世界杯	1954年	瑞士	-	未晋级决赛圈
世界杯	1958年	瑞典	-	未晋级决赛圈
欧洲杯	1960年	法国	-	未晋级决赛圈
世界杯	1962年	智利	-	未晋级决赛圈
欧洲杯	1964年	西班牙	-	未晋级决赛圈
世界杯	1966年	英格兰	季军	
欧洲杯	1968年	意大利	-	未晋级决赛圈
世界杯	1970年	墨西哥	-	未晋级决赛圈
欧洲杯	1972年	比利时	-	未晋级决赛圈
世界杯	1974年	联邦德国	-	未晋级决赛圈
欧洲杯	1976年	南斯拉夫	-	未晋级决赛圈
世界杯	1978年	阿根廷	-	未晋级决赛圈
欧洲杯	1980年	意大利	-	未晋级决赛圈
世界杯	1982年	西班牙	-	未晋级决赛圈
欧洲杯	1984年	法国	季军	
世界杯	1986年	墨西哥	第17名	小组赛出局
欧洲杯	1988年	联邦德国	-	未晋级决赛圈
世界杯	1990年	意大利	-	未晋级决赛圈

续表

时间	赛事名称	举办地	最终排名	备注
欧洲杯	1992年	瑞典	-	未晋级决赛圈
世界杯	1994年	美国	-	未晋级决赛圈
欧洲杯	1996年	英格兰	第5名	1/4决赛出局
世界杯	1998年	法国	-	未晋级决赛圈
欧洲杯	2000年	荷兰、比利时	季军	
世界杯	2002年	韩国、日本	第21名	小组赛出局
欧洲杯	2004年	葡萄牙	亚军	
世界杯	2006年	德国	第4名	
欧洲杯	2008年	奥地利、瑞士	第7名	1/4决赛出局
世界杯	2010年	南非	第11名	1/8决赛出局
欧洲杯	2012年	波兰、乌克兰	季军	
世界杯	2014年	巴西	第18名	小组赛出局
欧洲杯	2016年	法国	冠军	
联合会杯	2017年	俄罗斯	季军	
世界杯	2018年	俄罗斯	第13名	1/8决赛出局
欧洲国家联赛	2018—2019赛季	-	冠军	
欧洲杯	2020	无主办国巡回赛	第13名	1/8决赛出局
欧洲国家联赛	2020—2021赛季	-	第5名	小组排名2
世界杯	2022年	卡塔尔	第8名	1/4决赛出局
欧洲国家联赛	2022—2023赛季	-	第6名	小组排名2

注：2020欧洲杯在2021年举行，官方仍将其称为2020欧洲杯。

历史出场榜

排名	姓名	出场数
1	克里斯蒂亚诺·罗纳尔多*	206
2	若昂·穆蒂尼奥*	146
3	佩佩*	136
4	路易斯·菲戈	127
5	纳尼*	112
6	费尔南多·科托	110
7	鲁伊·帕特里西奥	108
8	布鲁诺·阿尔维斯	96
9	鲁伊·科斯塔	94
10	里卡多·卡瓦略	89
11	贝尔纳多·席尔瓦*	88
11	保莱塔	88
13	西芒	85
14	若昂·平托	81
15	里卡多·夸雷斯马*	80
15	威廉·卡瓦略*	80
15	维托尔·拜亚	80
18	努诺·戈麦斯	79
18	里卡多	79
20	劳尔·莫雷莱斯	76

注：标注*的为现役球员，本榜单仅取前20名。

历史进球榜

排名	姓名	进球数
1	克里斯蒂亚诺·罗纳尔多*	128
2	保莱塔	47
3	尤西比奥	41
4	路易斯·菲戈	32
5	努诺·戈麦斯	29
6	埃尔德·波斯蒂加	27
7	鲁伊·科斯	26
8	纳尼*	23
8	若昂·平托	23
10	塔马格尼尼·内内	22
10	西芒	22
12	布鲁诺·费尔南德斯*	20
13	安德烈·席尔瓦*	19
13	乌戈·阿尔梅达	19
15	鲁伊·若尔当	15
16	费尔南多·佩罗特奥	14
16	何塞·托雷斯	14
18	马塔特乌	13
19	迪奥戈·若塔*	12
19	塞尔吉奥·康西卡奥	12

注：1.标注*的为现役球员，本榜单仅取前20名。
   2.本书所有数据截至2024年4月30日。

图书在版编目（CIP）数据

葡萄牙队 / 流年编著 . -- 北京 : 北京时代华文书局 , 2024.5
ISBN 978-7-5699-5465-4

Ⅰ . ①葡… Ⅱ . ①流… Ⅲ . ①足球运动－体育运动史－葡萄牙 Ⅳ . ① G843.955.2

中国国家版本馆 CIP 数据核字 (2024) 第 075880 号

PUTAOYADUI

出 版 人：陈　涛
选题策划：董振伟　直笔体育
责任编辑：马彰羚
执行编辑：孙沛源
责任校对：陈冬梅
装帧设计：严　一　范宇昊
责任印制：訾　敬

出版发行：北京时代华文书局 http://www.bjsdsj.com.cn
　　　　　北京市东城区安定门外大街 138 号皇城国际大厦 A 座 8 层
　　　　　邮编： 100011　电话： 010-64263661　64261528

印　　刷：河北京平诚乾印刷有限公司
开　　本：880 mm×1230 mm　1/32　　成品尺寸：145 mm×210 mm
印　　张：6.5　　　　　　　　　　　　字　　数：129 千字
版　　次：2024 年 5 月第 1 版　　　　　印　　次：2024 年 5 月第 1 次印刷
定　　价：68.00 元

本书图片由视觉中国提供。
版权所有，侵权必究
本书如有印刷、装订等质量问题，本社负责调换，电话： 010-64267955。